Umweltfreunde 4

Ein Sachbuch
für die Grundschule

Herausgegeben von
Inge Koch

Erarbeitet von
Ulrike Blumensath
Anke Gretzschel
Rüdiger Horn
Inge Koch

Unter Einbeziehung der Ausgabe von
Silvia Ehrich
Inge Koch
Christine Köller
Rolf Leimbach

Unter Mitarbeit
der Cornelsen Redaktion

VOLK UND WISSEN

Umweltfreunde 4

Herausgegeben von
Inge Koch

Erarbeitet von
Ulrike Blumensath, Anke Gretzschel, Rüdiger Horn, Inge Koch

Unter Einbeziehung der Ausgabe von
Silvia Ehrich, Inge Koch, Christine Köller,
Rolf Leimbach

Begutachtet von
Thomas Arnold (Limbach-Oberfrohna), Sylvia Arnold (Hohndorf),
Ulrich Gard (Trier), Christine Köller (Prenzlau), Bernd Willems (Trier), Annett Zilger (Dresden)

Redaktion: Kirsten Pauli
Bildredaktion (Foto): Franziska Becker
Illustrationen: Hajo Blank S. 79 (1, 2), 95 (Säulen); Sylvia Graupner S. 5, 13, 21, 24, 25, 26, 27, 31, 33, 39, 42/43 (Schrift), 49, 73, 81, 89, 97, 105; Gabriele Heinisch S. 12, 22, 23, 28, 29, 32, 34 (1, 3, 4), 35 (1, 2), 42/43 (Figuren), 45, 47, 48, 54, 56, 60, 61, 62, 63, 64, 65, 68 (3), 69 (1-3, 8), 72, 80, 88 (1), 92, 104 (1), 108, 112; Katharina Knebel S. 8, 10, 11, 20, 68 (1), 76, 77 (außer Traktor), 90 (1-5), 106; Cleo-Petra Kurze S. 90 (3); Sandra Menke S. 68 (2); Christiane Mitzkus S. 38 (1-7), 93, 95 (1, 2, 4, 5), 96 (2); Steffen Walentowitz S. 110; Katja Wehner S. 6, 7, 8, 9; Catharina Westphal S. 46 (2), 107; Karl-Heinz Wieland S. 14, 15, 16, 82, 83, 84, 85, 88 (2), 100, 101; Hans Wunderlich S. 18, 19, 34 (2), 35 (3), 38 (8), 59 (Vignetten), 69 (4-7), 70, 71, 74, 77 (Traktor), 78, 79 (3, 4), 88, 90 (Mitte, unten), 91 (unten), 96 (1), 98, 99, 104 (2, 3, 4), 109

Umschlaggestaltung: tritopp, Berlin; Katharina Knebel (Illustration)
Uta Bettzieche (Detektiv und Hund) sowie S. 30, 44, 48 (3)
Layout und technische Umsetzung: tritopp, Berlin

www.vwv.de

Dieses Werk enthält Vorschläge und Anleitungen für Untersuchungen und Experimente.
Vor jedem Experiment sind mögliche Gefahrenquellen zu besprechen. Beim Experimentieren sind die Richtlinien zur Sicherheit im naturwissenschaftlichen Unterricht einzuhalten.

1. Auflage, 4. Druck 2025

Druck: AZ Druck und Datentechnik GmbH, Kempten

ISBN 978-3-06-081528-9 (Schülerbuch)
ISBN 978-3-06-081529-6 (E-Book)

PEFC
PEFC/04-31-2260
PEFC-zertifiziert
Dieses Produkt stammt aus nachhaltig bewirtschafteten Wäldern und kontrollierten Quellen
www.pefc.de

Inhalt

In der Schule

Wie können wir unsere Schule mitgestalten?

Das Foto beschreiben;
Zusammenhänge zwischen der Frage und der unteren Abbildung herstellen

Unsere Schule mitgestalten – aber wie?

Die Kinder der Klasse 4b haben zum Schuljahresanfang überlegt, wie sie ihre Schule mitgestalten wollen. Es gab einige Vorschläge für Veränderungen.

1 Schaut euch die Tafel mit den Kärtchen an.
Welche Vorschläge habt ihr für eure Schule?

Demokratische Verhaltensweisen im Schulalltag wahrnehmen, diese als eigene Handlungsmöglichkeiten erkennen; sich an Entscheidungsprozessen beteiligen

Damit sich alle Kinder in der Schule wohl fühlen, fragen wir auch die anderen nach ihren Wünschen.

<u>Umfrage:</u>
<u>Umgestaltung unserer Schule</u>

- Welche Orte an der Schule gefallen dir besonders gut?
- Welche Orte an der Schule gefallen dir nicht?
- Wie lang sollten die Pausen zwischen den Unterrichtsstunden sein?
- Wie sollten die Flure im Schulhaus gestaltet sein?
- Welche Regeln in der Schule findest du wichtig?
- Welche neuen Unterrichtsfächer sollte es geben?
- Wie findet ihr unsere Vorschläge an der Tafel?
- …

MITMACHEN UND NACHDENKEN

2 Was gefällt euch an eurer Schule besonders gut? Schreibt, malt, klebt Bilder auf – bereitet Poster für den „Tag der offenen Tür" vor.

3 Wählt einen eurer Vorschläge zur Schulgestaltung aus und verwirklicht ihn in diesem Schuljahr.

LEICHTER LERNEN

Ein Vorhaben planen

- Benennt das Vorhaben.
- Legt Teilziele fest.
- Notiert eine Arbeitsliste.
- Verteilt die Aufgaben an verschiedene Kinder.
- Bittet auch andere Personen um Mithilfe.
- Erstellt eine Materialliste.
- Legt den Endtermin fest.

Verantwortung für gemeinsame Tätigkeiten übernehmen; die Arbeit anderer Menschen wertschätzen; unterschiedliche Präsentationsmöglichkeiten nutzen

Streitschlichter im Einsatz

1 Gestaltet eine Streitschlichter-Sitzung im Rollenspiel.

Menschen streiten sich manchmal – in der Schule mit anderen Kindern, in der **Familie** mit den Eltern oder Geschwistern, auch mit Freunden. Oft finden die Beteiligten selbst eine Lösung und vertragen sich wieder.
Wenn es aber einmal nicht gelingt, den Streit zu lösen, kann eine Streitschlichterin oder ein Streitschlichter helfen.

Nach einem Streit:

Die Streitschlichtung eröffnen

Die „Streithähne“ und die Streitschlichterin treffen sich gemeinsam an einem Tisch.

Die Probleme benennen

Die Streitschlichterin hört sich nacheinander die Probleme der Beteiligten an und macht sich Notizen.

Ursachen für Konflikte erkennen; Konfliktstrategien anwenden;
Streitschlichterinnen oder Streitschlichter zur Überwindung von Konflikten einsetzen

Offene Fragen klären

Die Streitschlichterin stellt Fragen.
Die „Streithähne“ versuchen, sich in den anderen hineinzuversetzen.

Eine Problemlösung finden

Die beteiligten „Streithähne“ finden allmählich eine Lösung.
Keiner der beiden Beteiligten darf benachteiligt werden.

Einen Vertrag schließen

Der Lösungsvorschlag wird in einem Vertrag festgehalten.
Den Vertrag unterschreiben alle Teilnehmer.
Am Ende des Gesprächs wird ein neues Treffen vereinbart.
Dort wird überprüft, ob alle die Vereinbarungen eingehalten haben.

MITMACHEN UND NACHDENKEN

2 Besprecht, welche Eigenschaften eine Streitschlichterin/ein Streitschlichter haben muss.

Jedes Kind hat Rechte

1 Das Bild zeigt, welche Rechte alle Kinder auf der Welt haben sollten. Erzählt zu dem Bild.

Alle Menschen haben Rechte.
Recht bedeutet: Es steht dir etwas zu, dass dir nicht verboten werden kann.
In der Erklärung der Menschenrechte der Vereinten Nationen von 1948 heißt es:
„Alle Menschen sind gleich und frei. Sie sollen sich in Freundschaft begegnen. Jeder hat das Recht auf Leben, Freiheit und Sicherheit der Person."
Kinder brauchen noch zusätzlichen Schutz.
Deshalb beschlossen die Mitglieder der Vereinten Nationen im Jahr 1989 das Übereinkommen über die Rechte des Kindes. Das Übereinkommen heißt auch: UN-Kinderrechtskonvention.
Das große Bild zeigt dir in Bildausschnitten die Rechte der Kinder aus der Rechtskonvention.

INTERESSANT

Im Jahr 1945 gründeten 50 Staaten einen Bund, die Vereinten Nationen (englisch: United Nations, abgekürzt: UN).
Die Organisation setzt sich für Frieden und Freiheit auf der ganzen Welt ein.
Heute gehören über 200 Staaten der UN an – fast alle Länder der Welt.

Rechte der Kinder gemäß der UN-Konvention besprechen, Bedeutung der Rechte besprechen; über Verletzungen von Kinderrechten durch Kinderarbeit sprechen

Fast alle Staaten der Erde haben den Vertrag über die Rechte der Kinder unterzeichnet.
Doch noch immer werden täglich Rechte der Kinder verletzt.
Deshalb setzen sich viele Menschen für Kinder ein.
So gibt es das Kinderhilfswerk **UNICEF** (englisch: **U**nited **N**ations **I**nternational **C**hildren's **E**mergency **F**und). Es hilft Kindern und Müttern auch in Notsituationen.

unicef
für jedes Kind

MITMACHEN UND NACHDENKEN

2 Benenne alle Kinderrechte, die du im Bild entdeckst.

3 Welches Recht ist dir besonders wichtig? Begründe deine Meinung.

4 Informiert euch im Internet über die Kinderrechte, zum Beispiel unter fragFINN.de, Helles-Koepfchen.de oder hanisauland.de.

Sich mutig für Kinderrechte einsetzen

Wähle Aufgaben aus. Forsche nach.

1 Malala-Tag am 12. Juli

Am 12. Juli 2013 hielt die damals 16-jährige Malala Yousafzai eine Rede vor den Vereinten Nationen.

Die Vereinten Nationen haben den Tag zum „Malala-Tag" erklärt.

Erforsche: Wozu rief Malala auf? Nutze das Internet.

2 Kreisgespräch

Jeder schreibt auf ein Kärtchen ein Recht, das Kinder haben sollten. Ein Kind wird ausgewählt und liest sein Kärtchen vor.

Sprecht gemeinsam über das vorgetragende Recht.

3 Aktionsidee „Kinderrechte"

So könnt ihr die Kinder eurer Klasse oder Schule zur Aktion „Kinderrechte" anregen.

- Ein großes Plakat mit Kinderrechten aushängen.

- Eine Tafel aufstellen und Kinder bitten, aufzuschreiben, welche Rechte sie sich wünschen.

- Einen Baum schmücken mit euren Wünschen für alle Kinder der Welt.

Tipp: Ein günstiger Zeitpunkt für die Aktion ist die Zeit zwischen dem Weltkindertag (20. September) und dem Geburtstag der Kinderrechtskonvention (20. November).

Die Bedeutung von Kinderrechten verstehen; Aktionsideen zur Bekanntmachung von Kinderrechten umsetzen

Im Herbst

Das Foto beschreiben;
Zusammenhänge zwischen der Frage und der unteren Abbildung herstellen

Der Wald als Lebensraum

Pflanzen wie Bäume, Sträucher und Kräuter bauen den Wald auf.
Sie bieten wild lebenden Tieren Wohnung, Nahrung und Unterschlupf.

1 Unternehmt einen Ausflug in einen Wald. Schaut euch genau um.

Große Brennnessel

Holunder

Hasel

Weißdorn

Feldahorn

Das Schaubild am Waldrand betrachten; Lebensbedingungen von Pflanzen und Tieren und ihre wechselseitige Abhängigkeit in einem Biotop untersuchen und dokumentieren

In den Sträuchern bauen Vögel ihre Nester und suchen nach Nahrung. Der Neuntöter frisst Käfer, Bienen, Hummeln, Fliegen und Heuschrecken. Er überwältigt sogar kleine Mäuse.

Kleine Säugetiere wie der Feldhase finden hier Schutz vor Wind, Regen, Hitze und vor ihren Feinden.

Reh

Neuntöter

Kreuzspinne

Haselmaus

Kleiner Fuchs

Gefleckter Schmalbock

Beobachtungen im Wald

Jahr für Jahr folgen die Jahreszeiten Frühling, Sommer, Herbst und Winter aufeinander. Die Bewohner des Waldes haben sich den Jahreszeiten angepasst. Beobachten wir zwei Waldbewohner: Rotbuche und Eichhörnchen.

1 Betrachte die Bilder und beschreibe sie.

Die Rotbuche

Im Frühling keimen einige der im Herbst von den Rotbuchen heruntergefallenen Bucheckern. Die jungen Buchen brauchen wenig Sonnenlicht.

Über die Jahre wird aus dem Keimling ein großer Baum. Rotbuchen haben einen silberhellen Stamm und eine hochgewölbte Krone.

Rotbuchen können bis zu 300 Jahre alt werden. Aber alte Bäume werden schwächer und ein Sturm kann die Bäume entwurzeln. Viele kleine Lebewesen zersetzten dann über viele Jahre den Baum zu Humus.

INTERESSANT

Kleinstlebewesen im Boden

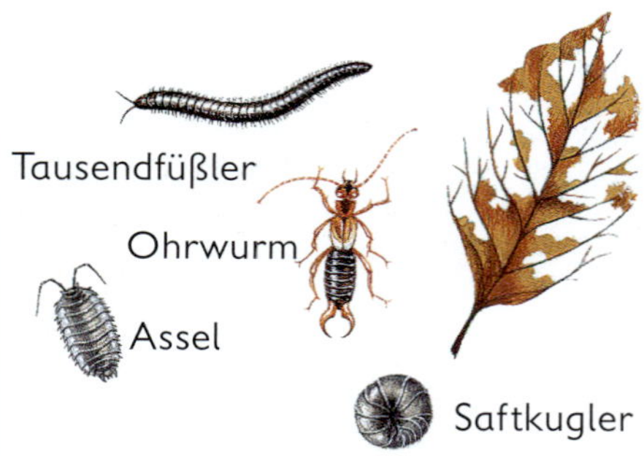

Stäbchenbakterium
sehr stark vergrößert, gefärbt

Beziehungen zwischen Lebewesen im Lebensraum Wald in Abhängigkeit von Jahreszeiten beschreiben (Rotbuche und Eichhörnchen); Lebenszyklen erfassen und zeitlich einordnen

Das Eichhörnchen

Die Eichhörnchen sind im Herbst besonders emsig. Sie sammeln viele Bucheckern und andere Samen als Vorräte für den Winter und verstecken sie im Boden. Im Herbst bekommen die Eichhörnchen ein dichteres, etwas gräuliches Winterfell und die hübschen Ohrenpinsel beginnen zu wachsen.

In einer Astgabel des Baumes befindet sich ein Kobel, das Nest eines Eichhörnchens. Das Nest ist innen weich und warm ausgepolstert. Dort hält das Eichhörnchen Winterruhe. Es schläft sehr viel, sucht aber mindestens jeden zweiten Tag nach Nahrung. Manchmal findet es seine Vorräte wieder, die es im Herbst vergraben hat.

Am Baum flitzt ein Eichkater einer Eichkätzin hinterher. Im Frühling und oft auch im Spätsommer wird es Nachwuchs geben. Meist bringt die Eichkätzin drei bis vier Junge im Kobel zur Welt. Sie sind noch nackt, taub und blind. Die Mutter säugt und versorgt sie acht Wochen lang. Nach drei Monaten suchen die jungen Eichhörnchen ihre Nahrung selbst.

Bei großer Hitze ruhen die Eichhörnchen im Schatten der Bäume in ihrem Kobel und lassen oft „alle Viere“ nach unten baumeln. Im Sommer gibt es reichlich Nahrung: Früchte, Samen, Pilze, Vogeleier, sogar Schnecken und Insekten.
So lebt ein Eichhörnchen bis zu sechs Jahre in seinem Revier.

LEICHTER LERNEN

Sich Bilder zu Texten vorstellen oder malen

- Das Vorstellen oder das Malen von Bildern zu einem Text hilft dir, ihn besser zu verstehen.

MITMACHEN UND NACHDENKEN

2 Wählt ein Tier des Waldes aus. Beschreibt den Lebenslauf dieses Tieres.

Den Wald nutzen und bewahren

1 Betrachte die Bilder. Berichte über die Bedeutung des Waldes.

Wälder sind Erholungsorte

Im Wald ist es still. Die Bäume spenden Schatten und verbessern die Luft.

INTERESSANT

- Die Jagd ist in Mecklenburg-Vorpommern gesetzlich geregelt.
- Jagen darf nur, wer eine Jäger-Prüfung gemacht hat und einen Jagdschein besitzt.
- Das Jagen ist nur in bestimmten Jagdbezirken und zu bestimmten Zeiten erlaubt.
- Jagd sorgt dafür, dass es in den Wäldern einen gesunden und gleich bleibenden Wildbestand gibt.
- Die Jagd beachtet die Anforderungen des Tierschutzes.

Wälder liefern wertvollen Rohstoff

Das Holz der Bäume ist Baumaterial für Fenster, Türen, Möbel und vieles mehr. Holz ist auch der Grundstoff für Papier und Holzkohle.

Wälder liefern uns Nahrungsmittel

Einige Pilze und Beeren, die im Wald wachsen, kann man essen. Das Fleisch von Wildtieren ist ein wertvolles Nahrungsmittel.

Die Bedeutung des Waldes für den Menschen kennenlernen; Eingriffe des Menschen in die Natur besprechen und Maßnahmen zu ihrem Schutz reflektieren

Wälder bieten Lärm- und Sichtschutz

Wälder fangen Schall auf. Schon ein 100 Meter breiter Streifen Wald dämmt den Lärm genauso gut wie eine Lärmschutzwand.

Wälder sind Lebensräume für Tiere und Pflanzen

In unseren Wäldern gibt es mehr als 7000 Tierarten und etwa 1200 verschiedene Arten von Pflanzen, dazu viele Pilzarten.

Wälder sichern fruchtbaren Boden

Die Wurzeln der Bäume verhindern, dass der Boden durch Wasser weggespült wird. Moose und andere Pflanzen saugen das Regenwasser auf. Es sickert langsam in den Boden und bildet wertvolles Grundwasser.

MITMACHEN UND NACHDENKEN

2 Unternimm mit Erwachsenen einen Waldspaziergang. Was kannst du entdecken?

3 Ein großer Wald wird abgeholzt. Vermute: Wie schaden die Menschen damit der Natur?

Papier aus Holz

1 Wählt Aufgaben aus. Forscht nach.

1 „Holz“ für Schulhefte

In Deutschland wird Holz unter anderem zu Papier verarbeitet.
Das Holz kommt aus etwa 130 Ländern zu uns.
Um Papier zu produzieren, werden zum Beispiel in Deutschland, Kanada, Finnland, Schweden und Russland unzählige Bäume gefällt.
Papier zu sparen schont Wälder, Wasser, Luft und Boden.

Diskutiert: Wie könntet ihr Papier sparen?

2 Papiersorten

Auf Seite 2 deines Schulbuches steht, auf welchem Papier das Buch gedruckt wurde.
Erkläre, was der Text bedeutet.

3 Bäume wachsen langsam

Ehe ein Baum groß und mächtig ist und geerntet werden kann, vergehen Jahrzehnte.

Buche	130–160 Jahre	Fichte	80–100 Jahre
Eiche	100–150 Jahre	Kiefer	80 Jahre

Berechne:

- Wann könnten die Bäume gepflanzt worden sein, die heute gefällt werden?
- Wann können die Bäume geerntet werden, die heute gepflanzt werden?

Warum heißt es: Forstwirte planen heute schon für die Zukunft.

Bedeutung der Wälder für den Menschen am Beispiel der Papierherstellung erkennen;
Gefährdung von Pflanzen erkennen (Papierverbrauch), sorgsamen Umgang mit Papier anregen

Miteinander leben

Wie sollten Menschen miteinander umgehen?

Jung und Alt leben zusammen

1 Hier treffen viele Menschen zusammen.
Was beschäftigt die Menschen in ihren Gesprächen? Erzähle.

Den Umgang von Menschen im Alltag diskutieren: Akzeptanz und Toleranz üben, sich gegenüber anderen Personen rücksichtsvoll verhalten

MITMACHEN UND NACHDENKEN

2 Beobachte den Umgang zwischen den Menschen.
Nenne Beispiele, in denen sie achtungsvoll miteinander umgehen.

Wie und was wir einkaufen

Wir kaufen ein, was auf dem Einkaufszettel steht ...
Stimmt nicht ganz. Forscher haben herausgefunden, dass unsere Kaufentscheidungen von vielen weiteren Dingen beeinflusst werden:

- vom Aussehen und der Verpackung
- vom Preis
- von der Marke und dem Hersteller
- von der **Qualität**
- von unserer **Gewohnheit**
- von der Werbung

1 Besprecht: Warum kauft die Familie die verschiedenen Produkte ein?
Ordnet jeder Sprechblase Kaufentscheidung zu.

Einflüsse auf unser Kaufverhalten bewusst wahrnehmen: Werbung, Qualität usw.; Kaufkriterien und Produktauswahl miteinander in Verbindung bringen; Konsumverhalten reflektieren

Unsere Kaufentscheidung wird oft durch Werbung beeinflusst.
Die Werbemacher wollen erreichen, dass möglichst viele Menschen ein bestimmtes Produkt kennen und kaufen.
Dafür stellen sie die Vorzüge des Produkts in den Vordergrund. Nachteile werden verschwiegen.

Werbung entdeckst du überall.

Wer weiß, was Werbung will und wie sie das erreicht, kann sie besser verstehen.
Dabei helfen Fragen:

- Wofür wird geworben?
- Wo wird geworben?
- Wie wird geworben?
- Erfahre ich etwas über Vorteile und Nachteile des Produkts?
- Brauche ich das Produkt wirklich?
- Was kostet es?
- Ist vielleicht ein anderes Produkt günstiger zu kaufen?

INTERESSANT

- In Deutschland werden viele Milliarden Euro für die Werbung ausgegeben.
- In der Werbung arbeiten in Deutschland fast eine Million Menschen.
- Wer täglich eine Stunde fernsieht, schaut in einem Jahr fast 500 Werbefilme.

MITMACHEN UND NACHDENKEN

2 Betrachte die Werbung auf dieser Seite. Wo wird geworben?

3 Warum entscheidet sich deine Familie beim Einkauf für bestimmte Produkte?

4 Suche dir ein Produkt aus. Sammle eine Woche lang jede Werbung für dieses Produkt. Du kannst fotografieren, ausschneiden, schreiben.

Wo wir einkaufen

1 Besprecht: Warum kaufen die Personen in den verschiedenen Einkaufsstätten ein?

Wochenmarkt

Bäckerei (Einzelhandelsgeschäft)

Kiosk

Ökologische und ökonomische Aspekte bei Kaufentscheidungen bedenken (Herkunft, Frische, Preis); Verwendung von Taschengeld ansprechen

Bioladen

Supermarkt

Online-Einkauf

MITMACHEN UND NACHDENKEN

2 Womit transportieren die Menschen ihre Einkäufe nach Hause? Diskutiert die verschiedenen Möglichkeiten.

3 Wo könnt ihr in der Umgebung einkaufen? Zeichnet einen Plan. Beschriftet ihn.

Tomaten kaufen – von hier und anderswo

In Deutschland reifen Tomaten von Juli bis Oktober im Freiland. Diesen Zeitraum des Jahres bezeichnen die Tomatenproduzenten als Tomatensaison. Wenn ihr Tomaten kauft, die in eurer Nähe angebaut werden, haben sie keinen langen Transportweg hinter sich. Dies schont die Umwelt.
In der Werbung heißt es oft:

KAUFT SAISONAL ...

1 Beschreibe den Weg von der Ernte bis zum Verkauf von Tomaten. Vermute, wie viel Zeit von der Ernte bis zum Verkauf vergeht.

Tomaten werden angebaut.

Tomaten werden geerntet.

Tomaten werden verpackt.

Tomaten werden über kurze Wege transportiert.

Tomaten werden verkauft.

Die Herkunft von Tomaten sollte entweder auf der Verpackung oder auf dem Preisschild stehen.
Meist findet man dort aber nur das Herkunftsland, zum Beispiel Deutschland, und nicht die Region, zum Beispiel Vorpommern-Rügen.

Tomaten werden gern gegessen.
Jeder von uns isst pro Jahr im Durchschnitt 8 kg frische Tomaten. Dazu kommen noch 17 kg verarbeitete Tomaten, zum Beispiel in Soßen, als Tomatenmark und in **Fast-Food-Produkten**.

INTERESSANT

Die Tomate gehört zu den weltweit beliebtesten Gemüsesorten. Sie stammt ursprünglich aus Süd- und Mittelamerika.
Vor über 500 Jahren brachte der italienische Seefahrer Christoph Kolumbus die ersten Tomaten nach Europa. Zuerst waren die Menschen sehr misstrauisch und nutzten die Pflanze nur als Blumenschmuck.

Tomaten aus Spanien

Weil wir gern das ganze Jahr über Tomaten essen möchten, werden sie aus anderen Ländern eingeführt, zum Beispiel aus Spanien. Hauptanbaugebiet für spanische Tomaten ist die Region Almería im Süden des Landes. In über 40 000 Gewächshäusern oder unter Kunststoffplanen werden die Pflanzen angebaut. Dort wachsen sie ganzjährig.

Transport von Tomaten nach Deutschland

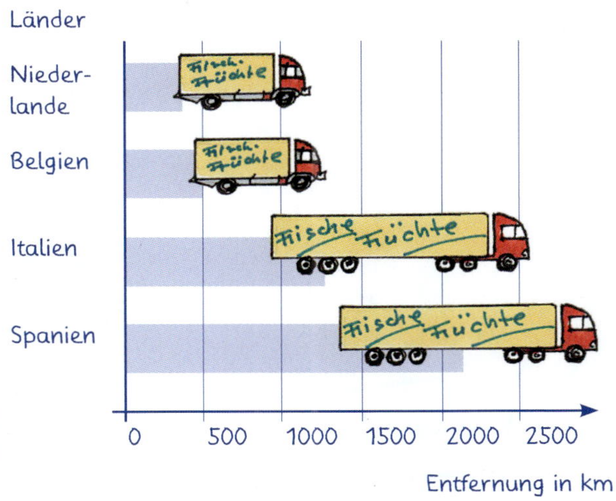

Direkt auf Bestellung erntet man in der Regel nur bereits rote Tomaten. Am Tag der Ernte werden die Tomaten sortiert und für den Versand verpackt. Zwei Tage lang fährt der Kühl-LKW von Spanien nach Deutschland. Hier angekommen, werden die Tomaten zuerst in Kühlhallen gelagert und dann in die Supermärkte geliefert. Zwischen Ernte und Verkauf vergehen ungefähr vier Tage.

MITMACHEN UND NACHDENKEN

2 Werte das Schema „Transport von Tomaten nach Deutschland“ aus.

3 Vermute: Welche Vor- und Nachteile hat der Anbau von Tomaten bei uns und in Spanien?

S. 2/3

Taschengeld

Taschengeld ist das erste „Einkommen“, das Kinder erhalten. Wie viel Geld Kinder in der Woche oder im Monat bekommen, ist sehr unterschiedlich. Aber alle können selbst entscheiden, wie sie das Geld verwenden wollen.

1 Betrachtet die Übersicht. Was könnt ihr mit dem Geld anfangen? Nennt Beispiele zu den einzelnen Wörtern.

Sinnvollen Umgang mit Taschengeld besprechen; kritisch das eigene Konsumverhalten bewerten

2 Erwachsene und Kinder gehen unterschiedlich mit ihrem Geld um.
Welcher Typ bist du?

MITMACHEN UND NACHDENKEN

3 Schreibt ohne Namen drei Beispiele auf einen Zettel, wofür ihr das meiste Taschengeld ausgebt. Eine Gruppe wertet die Zettel auf einer Strichliste aus. Jeder zeichnet zu dem Ergebnis ein Säulendiagramm.

4 Diskutiert: Welche Vorteile und Nachteile hat eine wöchentliche und eine monatliche Zahlung des Taschengeldes.

LEICHTER LERNEN

Mit Geld wirtschaften

- Um einen Überblick über dein Taschengeld zu behalten, ist ein Merkheft sinnvoll.
- Schreibe den Monat und die Summe des vorhandenen Geldes (Bestand) auf. Notiere dazu deine Einnahmen für den Monat.
- Schreibe deine Ausgaben darunter.
- Notiere unten den neuen Bestand.

Monat:	August
Bestand:	12,00 €
Einnahmen:	16,00 €
Summe:	28,00 €
Eis	1,50 €
Spielzeug	3,70 €
Kino	4,50 €
Ausgaben insgesamt:	9,70 €
neuer Bestand:	18,30 €

Verlockungen erkennen und widerstehen

1 Wähle Aufgaben aus. Forsche nach.

1 Andere Menschen wollen dich beeinflussen

Was würdest du tun?

- Ich nehme das Geschenk an und gehe weiter.
- Ich sage „Danke“ und lehne das Geschenk ab.
- Ich nehme das Geschenk an und gehe in den Laden.

2 Werbung will zum Kauf verlocken

Werbung erreicht unsere Aufmerksamkeit durch:

- **Bilder**
Werbung zeigt schöne oder ungewöhnliche Bilder.
Darüber staunt der Betrachter und wird neugierig.
- **Worte**
Positive Worte werben für das Produkt:
gut, lecker, echt, frisch, einfach, neu, weiß, lustig …
- **Texte**
Werbetexte sind meist kurz oder auch gereimt.
So prägen sie sich schneller ein.
- **Filme**
Die Geschichten in den Filmen sind kurz.
Manchmal zeigen sie komische Situationen
oder haben einen überraschenden Schluss.
- **Personen/Prominente**
Menschen aus dem Alltag oder bekannte Sportler,
Schauspieler, Sänger … werben für Produkte.
- **Musik**
Werbetexte zu schöner Musik oder ein Werbesong
prägen sich schneller bei Hörern oder Zuschauern ein.

Finde Beispiele für verschiedene Formen der Werbung.
Gestalte mit Worten, Texten, Bildern … ein Blatt.

Verstehen, dass Menschen unterschiedlichen Lebensformen mit bestimmten Wertesystemen und Regeln des Zusammenlebens zugehören; Werbung in Medien erkennen und analysieren, mit welchen Mitteln geworben wird

Im Winter

Womit werden heute unsere Häuser beheizt?

Das Foto beschreiben;
Zusammenhänge zwischen der Frage und der unteren Abbildung herstellen

Heizen – eine Zeitreise

Frostiges Wetter! Schon unsere Vorfahren überlegten, wie sie sich vom Wetter unabhängig machen können. Es wurden viele Heizmöglichkeiten erfunden, um sich vor der Kälte zu schützen. Heizen hat also eine lange Geschichte.

1 Lest die Texte. Baut ein Modell der römischen Fußbodenheizung. Wählt verschiedene Materialien zum Bau: Pappe, Knete, Plastik, Bausteine.

300 000 vor unserer Zeitrechnung

Wann die Menschen erstmals das Feuer nutzten, ist unbekannt. Das Feuer gab Wärme und die Menschen konnten sich an Feuerstellen wärmen. In kalten Wintern schützte das Feuer die Menschen vor dem Erfrieren.

200 vor unserer Zeitrechnung

Römer erfanden die Fußbodenheizung. In den Häusern reicher Römer lag auf 30 – 40 cm hohen Ziegelpfeilern eine Bodenplatte. Darunter entstand ein freier Raum. In diesem Raum befand sich ein Brennofen, der von außen mit Holz befeuert wurde. Die heiße Luft wärmte den Fußboden. Der Rauch zog über Wandkanäle ins Freie.

vor 800 Jahren

Vor etwa 800 Jahren wurde der gemauerte Kamin erfunden. Er speicherte die Wärme, aber ein Großteil ging auch über den Rauchfang und den Schornstein direkt ins Freie.

vor 550 Jahren

In dieser Zeit baute man die ersten Kachelöfen aus Ofenkacheln. Sie wurden häufig zwischen zwei Räume gebaut. So konnten beide Räume mit einem Ofen beheizt werden. Kachelöfen sind heute noch in sehr alten Häusern oder aus Gründen der Gemütlichkeit in modernen Häusern zu finden.

Technische Erfindungen kennen, die die Abhängigkeit des Menschen vom Wetter reduzieren, ihre Wirkung beschreiben

INTERESSANT

Das Umweltbundesamt empfiehlt diese Raumtemperaturen:
Wohnbereiche: 20 °C
Schlafzimmer: 17 °C
Küche: 18 °C

vor 100 Jahren

In den Küchen mancher armer Familien gab es Kochmaschinen, die sowohl zum Kochen als auch zum Heizen der Küche genutzt wurden. Darin brannte ein Holz- oder Kohlefeuer.
Oft war die Küche der einzige warme Raum einer Familie.
In reicheren Haushalten standen zusätzlich in den Wohnräumen Kachelöfen, die befeuert wurden.

vor 50 Jahren

Im Keller der Häuser stand eine zentrale Heizanlage, die die Wohnungen mit Wärme versorgte. Meist wurden im Heizkessel Öl oder Kohle verbrannt. Über Leitungen gelangte erwärmtes Wasser in die Heizkörper, die dann Wärme abstrahlten.

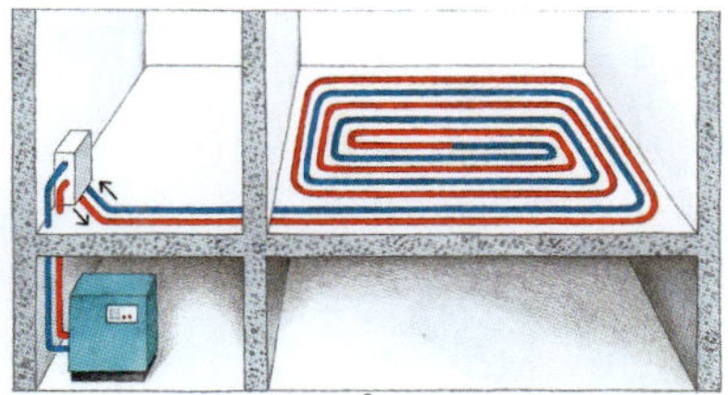

heute

Heute gibt es verschiedene Heizanlagen, zum Beispiel Fußbodenheizungen. Wir heizen meist mit Gas, Heizöl, mit Fernwärme aus Heizkraftwerken oder Strom. Auch Sonnenenergie und **Erdwärme** werden genutzt. Mit Temperaturreglern können wir die Temperatur in den Wohnräumen regeln.

MITMACHEN UND NACHDENKEN

2 Erkunde, womit eure Wohnung beheizt wird.

3 Erforsche, wie eure Heizung funktioniert. Lies auch im Internet nach.

Wie wir uns vom Wetter unabhängiger machen

1 Schau dir die Bilder an. Sie zeigen kleine nützliche Erfindungen, die uns vom Wetter unabhängiger machten.
Was würdest du dazu in der Zukunft erfinden? Schreibe und male auf ein Blatt.

Der Regenmantel wurde 1823 in Schottland erfunden. Der Chemiker Charles Macintosh erfand einen wasserdichten Baumwollstoff, aus dem er verschiedene Regenbekleidung herstellen ließ.

Der zusammenfaltbare Regenschirm wurde 1939 von Hans Haupt erfunden. Er nannte ihn Knirps.
Man konnte ihn gut in einer Handtasche verstauen.

Der Amerikaner Hiram Hutchinson lebte in Frankreich und ließ 1853 die ersten Gummistiefel anfertigen. Das Material dafür hatte 1840 der Amerikaner Charles Goodyear entdeckt.

Im Jahr 1876 schuf der Deutsche Carl von Linde die Voraussetzung, um Kühlschränke zu bauen. Bereits 1930 gehörten sie in Amerika zum Alltag, in Deutschland erst um 1950.

LEICHTER LERNEN

Lernerfolge belohnen

- Du hast dich in der Schule angestrengt und eine gute Leistung erreicht.
- Dann belohne dich mit etwas, das du magst.
- Mach dir eine Liste, womit du dich belohnen kannst.

Erfinder und Erfindungen, die die Menschen vom Wetter unabhängiger machten, kennenlernen; selbst eine Erfindung aufzeichnen und beschreiben, die uns wetterunabhängiger machen könnte

Nutzen für die Landwirtschaft – Felder bewässern – früher und heute

Bewässerungsanlagen sind keine Erfindung der Neuzeit. Schon vor über 5000 Jahren wurden in **Mesopotamien** Felder bei Trockenheit bewässert und bei Hochwasser durch Deiche geschützt.

Im sonnenreichen Land Oman versorgt seit über 4000 Jahren das Bewässerungssystem „Aflaj" Menschen und Felder ganzjährig mit Wasser. Es fließt aus Quellen, zeitweise gefüllten Flussläufen oder aus Grundwasserbrunnen – unterirdisch durch Tunnel und oberirdisch über **Aquädukte** – in ein Verteilersystem mit etwa 11000 gemauerten Kanälen. Das Wasser wird an jedes Dorf und jede Familie gerecht verteilt. Das System gehört zum **UNESCO-Weltkulturerbe**.

Bei großer Trockenheit werden heute manche Felder mit Beregnungsanlagen bewässert, um wetterunabhängig eine gute Ernte zu erzielen. Mithilfe einer Pumpe wird Wasser aus einem Brunnen gefördert und in einen Wasserzwischenspeicher gepumpt.

MITMACHEN UND NACHDENKEN

2 Beschreibe eine Erfindung, die dich und deine Familie wetterunabhängig macht.

3 Was macht uns Menschen vom Wetter unabhängiger? Lege eine Tabelle an. Ergänze selbst noch Beispiele.

Dem Wetter trotzen:

Erfindung	Wirkung
wetterfeste Kleidung	hält Wind und Regen ab
Heizung	wärmt Wohnräume

Wir prüfen Textilien auf Wetterfestigkeit

1 Wähle eine Aufgabe aus. Forsche nach.

1 Wärmeisolierung durch Textilien

EXPERIMENT

Vermutet: Welche Materialien halten Wärme lange, welche halten Wärme kaum?

Ihr braucht:

- 7 gleich große Flaschen
- 6 gleich große Materialstücke
- Gummiringe
- Topf mit heißem Wasser
- Thermometer, Uhr

Geht so vor:

- Umwickelt die Flaschen mit den Materialien, befestigt diese mit Gummiringen.
- Füllt alle Flaschen mit heißem Wasser.
- Messt die Wassertemperatur und notiert sie.
- Messt nach 30 Minuten noch einmal.

2 Wasserdichte von Textilien

EXPERIMENT

Vermute: Welche Textilien sind wasserdicht, welche nicht?

Ihr braucht:

- alte Stoffstücke mit Angaben zum Material
- einen Teller
- ein großes Weckglas
- Wasser
- einen Eierbecher, Gummiringe

Geht so vor:

- Stellt das Weckglas auf einen Teller.
- Füllt den Eierbecher mit Wasser.
- Befestigt ein Stoffstück über der Weckglasöffnung, gießt langsam Wasser über das Stoffstück.
- Untersucht so alle Stoffstücke.

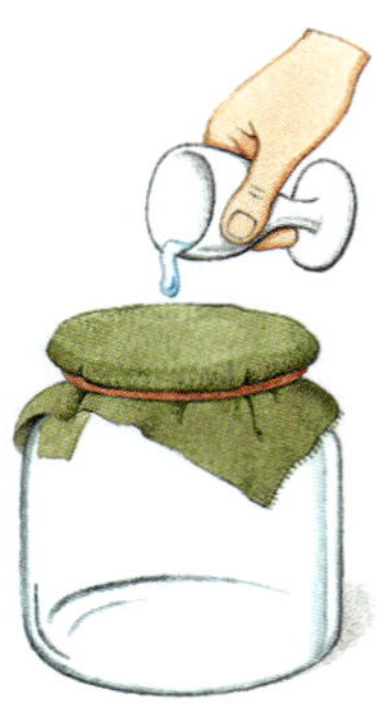

Lege eine Tabelle an.

Material	wasserdicht	wasserdurchlässig

Textilien auf Wärmehaltefähigkeit und Wasserdichte prüfen;
Verbindung zu Kleidungsstücken in den Jahreszeiten ziehen

Das tut mir gut

Was kann ich tun, um gesund zu bleiben?

Das Foto beschreiben;
Zusammenhänge zwischen der Frage und der unteren Abbildung herstellen

Tipps für deine Gesundheit

1 Bildet Gruppen. Jede Gruppe liest einen Tipp. Ergänzt die Inhalte.
Jede Gruppe trägt anschließend ihre Ergebnisse vor.

Krankheiten kündigen sich meist vorher an,
der Arzt sagt: Es zeigen sich „**Symptome**“.
Du frierst, hast gar Schüttelfrost. Du fühlst dich schwach oder hast Schmerzen. Das Essen schmeckt nicht. Manchmal verändert sich auch die Haut – sie juckt oder Pusteln erscheinen.
So wehrt sich der Körper gegen die Krankheit, bei manchen Menschen zeigt sich Fieber.
Deshalb: Bei Krankheitszeichen sofort zum Arzt!

Essen und Trinken sind wichtig für unsere **Energie** und unsere Gesundheit. Doch nicht alles, was schmeckt, ist auf die Dauer gesund. Deshalb solltest du dich über gesunde Ernährung informieren.
Vier Gefahren können beim Essen auftreten:
- zu wenig essen, um schlank zu bleiben,
- zu viel essen,
- sich einseitig ernähren,
- sich ungesund ernähren, nur Kartoffelchips, Tütensuppen oder Cola als Hauptnahrung

Viele Kinder sitzen zu viel: in der Schule, vor dem Computer, vor dem Fernseher.
Dein Körper braucht aber Bewegung.
Deshalb solltest du als Ausgleich Sport treiben. Es gibt viele verschiedenen Sportarten, die Spaß machen: mit anderen Fußball spielen, schwimmen, Rad fahren, laufen, wandern, skaten, Leichtathletik, Ballett, Bogenschießen, Tischtennis …

Tägliches Waschen, Kämmen, Zähneputzen hilft dir, gesund zu bleiben. Auch das regelmäßige Wechseln der Kleidung trägt dazu bei.

Jeder Tag ist anders. Doch einige Ereignisse kehren immer wieder: die Mahlzeiten, das Schlafen, die Zeiten zum Lernen oder Spielen.
Regelmäßigkeit gliedert deinen Alltag, macht ihn übersichtlicher und du kannst dich daran orientieren.
Hast du eine wiederkehrende Sache, die dir den Tag verschönt? Zum Beispiel vor dem Schlafengehen in einem Buch lesen.

Freundinnen und Freunde sind wichtig fürs Leben.
Mit ihnen kannst du den Tag verbringen, spielen, ins Kino gehen. Du kannst sie um Rat fragen, dich mit ihnen streiten und wieder vertragen.
Ihr könnt euch gegenseitig trösten und euch helfen.
Mit Freunden hast du Gemeinsamkeiten, aber ihr seid auch unterschiedlich.
In einer Freundschaft werdet ihr euch nicht immer einig sein, aber Freundinnen und Freunde bieten uns Unterstützung und Halt in schwierigen Situationen.

Alkohol kann einen lustig werden lassen – jedenfalls fürs Erste.
Am Anfang trinkt man nur wenig, dann ein bisschen mehr und schließlich wird es zur Gewohnheit, Alkohol zu trinken.
Am Ende kann man vom Alkohol nicht mehr lassen.
Dann ist man **süchtig**. Und meist merkt die betroffene Person es gar nicht gleich.
Es gibt noch viele andere Süchte: Spielsucht am Computer, Handysucht, Naschsucht, Fernsehsucht, Magersucht. Wer süchtig ist, ist krank.

MITMACHEN UND NACHDENKEN

2 Stelle eine Liste zusammen, was du zur Körperpflege brauchst.

3 Womit könntest du deiner besten Freundin oder deinem besten Freund eine Freude machen?
Überlege dir etwas, das kein Geld oder nur wenig Geld kostet.

4 Zeichne einen Cluster zu den Gesundheitstipps.

Ein Gefühlswirrwarr

1 Betrachte die Mind-Map. Beschreibe die Situationen.
Kennst du auch solche Gefühle?

Merkmale der Pubertät kennen; emotionale und soziale Veränderungen wahrnehmen;
sich mit Geschlechterrollen auseinandersetzen

MITMACHEN UND NACHDENKEN

2 Schreibe die Gefühls-Wörter aus der Mind-Map auf.

3 Welche Wörter verbindest du mit angenehmen Gefühlen, welche mit unangenehmen Gefühlen? Ordne zu.

Pubertät – was ist das eigentlich?

1 Schreibe unbekannte Wörter aus dem Text heraus.
Sucht gemeinsam im Glossar, in Büchern oder im Internet nach Erklärungen.

Pubertät ist die Zeit, in der sich ein Mädchen zur Frau und ein Junge zum Mann entwickeln. Du bist kein Kind mehr, aber auch noch kein Erwachsener. Das kann manchmal ganz schön schwierig sein. In dieser Zeit verändert sich dein Körper, außerdem ist im Kopf einiges los. Der Grund dafür sind **Hormone**. Sie verändern deinen Körper äußerlich. Manchmal spielen auch die Gefühle verrückt!
Spiele, die du vorher gerne gespielt hast, findest du jetzt einfach nur noch kindisch. Kleine Geschwister können nerven und manche Dinge sind plötzlich total peinlich. Deine **Intimsphäre** ist dir jetzt ganz wichtig. Wenn du das Gefühl hast, jemand tritt dir zu nahe oder bedrängt dich, sage laut und deutlich: „Ich möchte das nicht!“

Auch im Inneren deines Körpers verändert sich in der Pubertät sehr viel. Die Geschlechtsorgane entwickeln sich. Mädchen und Jungen sind nun **geschlechtsreif**. Weil dein Körper sich nur langsam an die starken Veränderungen gewöhnt, dauert die Pubertät mehrere Jahre.

Gefühle

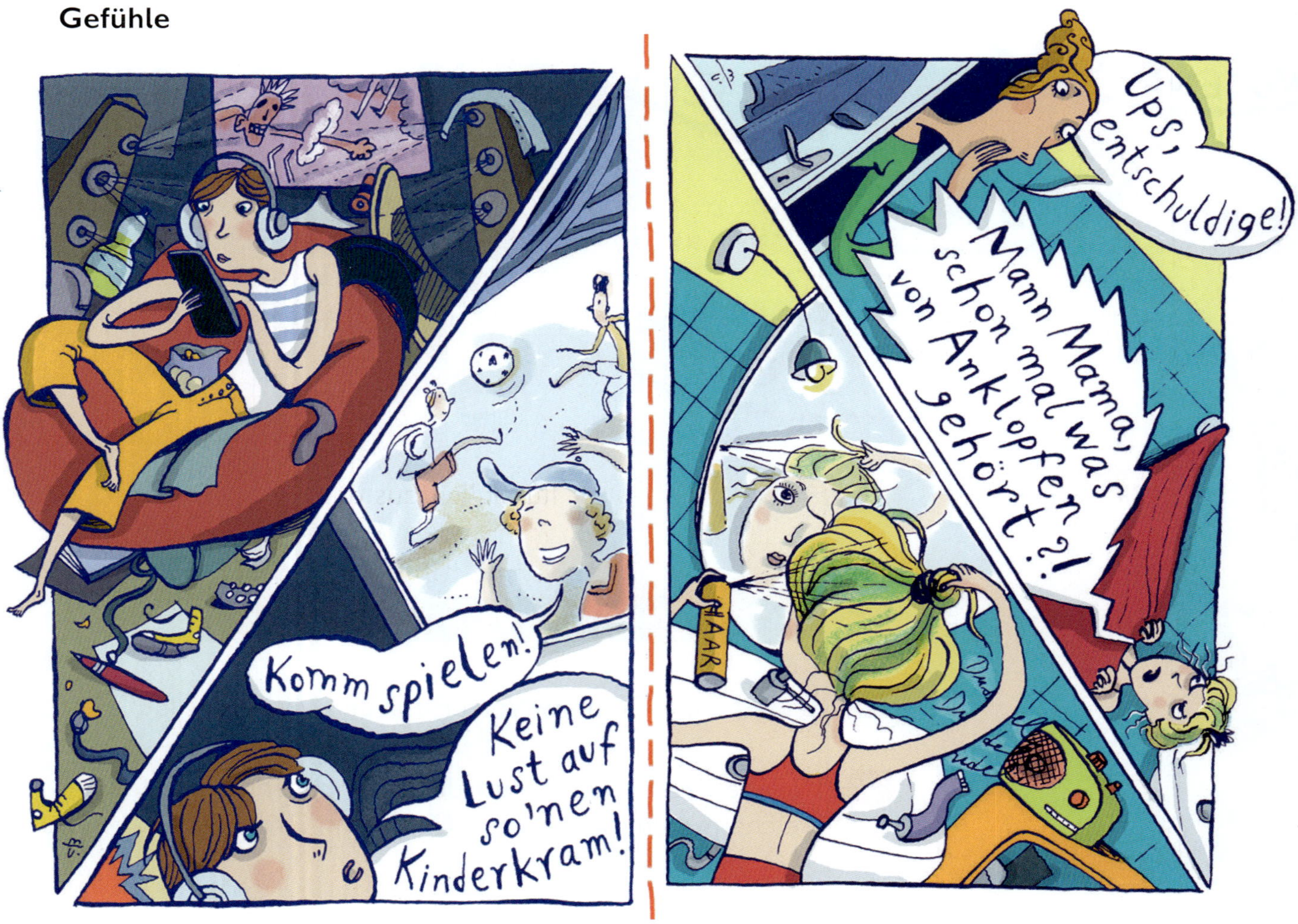

Merkmale der Pubertät kennen; Ängste und Scham abbauen; Möglichkeiten des Schutzes vor sexueller Gewalt und zur Wahrung der Intimsphäre thematisieren, auf emotionale Erfahrungen eingehen

Äußerlich und Innerlich

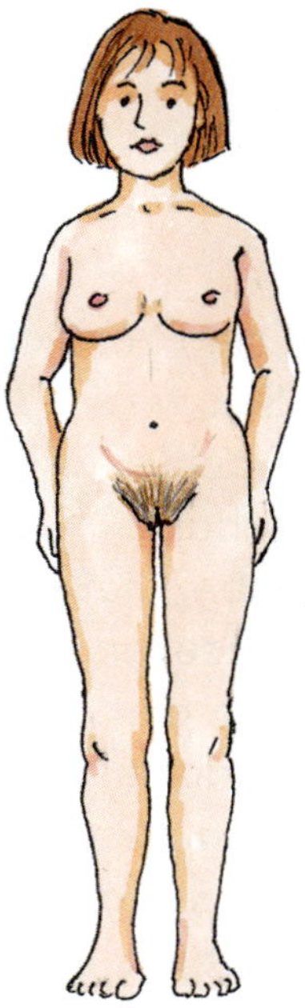

- Die Brüste wachsen.
- Haare wachsen unter den Achseln und an der Scheide.
- Der Körper wird weicher und runder.
- Das Becken wird breiter.

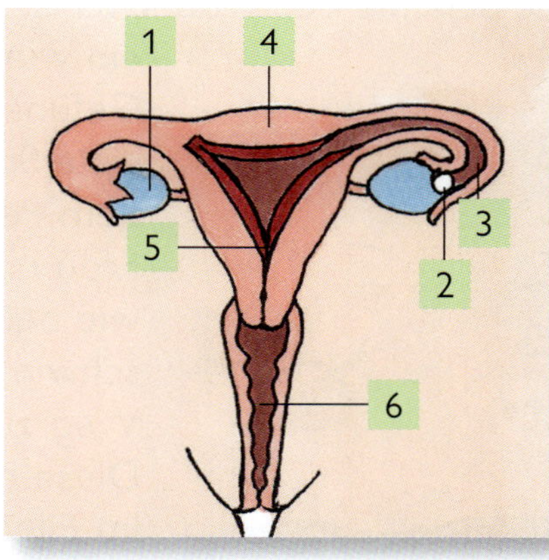

Bei Mädchen kann die Pubertät bereits mit 10 Jahren beginnen. Jeden Monat wird nun im Eierstock 1 eine Eizelle 2 reif. Sie wandert durch den Eileiter 3 in Richtung Gebärmutter 4 .

Dort hat sich eine gut durchblutete Schleimhaut 5 gebildet, in der sich eine befruchtete Eizelle einnisten kann.
Wird die Eizelle nicht befruchtet, wird die Schleimhaut abgebaut. Dabei fließt Blut aus der Scheide 6 . Diese Blutung dauert etwa vier bis fünf Tage. Man nennt sie auch Regel, Tage oder Menstruation. Ab der ersten Regel können Mädchen schwanger werden.

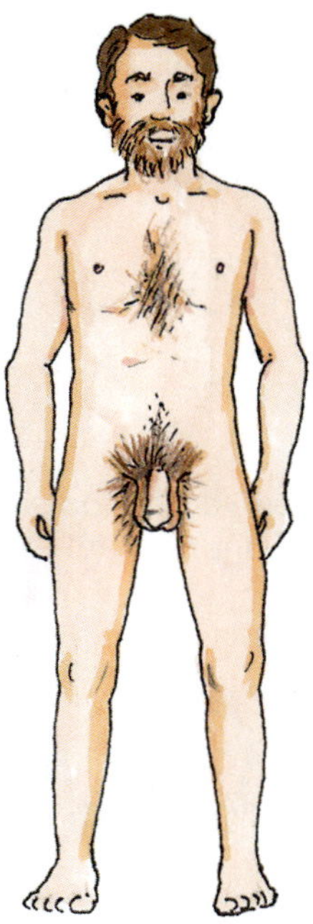

- Die Schultern werden breiter.
- Der Penis wächst.
- Der Kehlkopf wird größer, wodurch die Stimme tiefer wird (Stimmbruch).
- Haare wachsen am Kinn (Bart), unter den Achseln und am Penis.

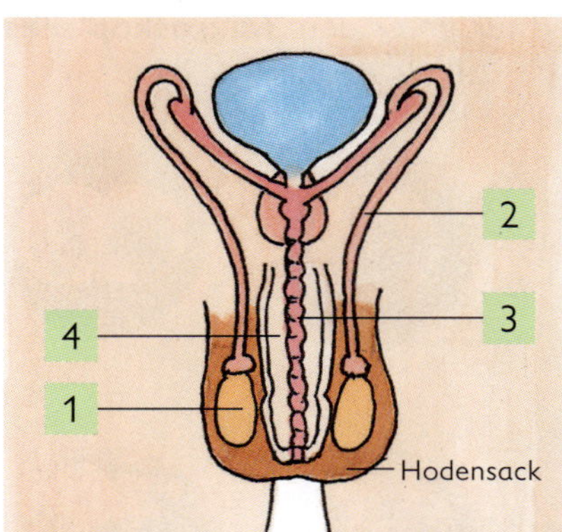

Bei Jungen beginnt die Pubertät meist etwas später als bei Mädchen. In den Hoden 1 bilden sich nun mehrere Millionen Samenzellen (Spermien). Über die Samenleiter 2 und die Harnröhre 3 fließen sie in den Penis 4 . Der Penis wird dann häufig im Schlaf steif und hart und es kommt zu einem Samenerguss. Dabei fließt die weiße Samenflüssigkeit aus dem Penis heraus. Vom ersten Samenerguss an können Jungen Kinder zeugen.

MITMACHEN UND NACHDENKEN

2 Erkläre, was sich bei Jungen und Mädchen in der Pubertät verändert.

Wie ein Baby entsteht

1 Lies den Text. Betrachte die Bilder. Wie entsteht ein neues Leben?

Ein Baby entsteht, wenn eine reife Eizelle der Frau mit einer Samenzelle des Mannes zusammentrifft.

Aber wie kommt es dazu?

Wenn Mann und Frau sich sehr gern haben, dann streicheln sie sich und sind zärtlich zueinander. Beide wollen ganz nah zusammen sein. Sie haben Sex. Beim Sex wird der Penis des Mannes steif und gleitet in die Scheide der Frau. Das ist für beide ein wunderbares Gefühl. Dabei fließen viele Samenzellen aus dem Penis in die Frau und machen sich wie bei einem Wettschwimmen auf den Weg zur Eizelle. Diese befindet sich im Eileiter.

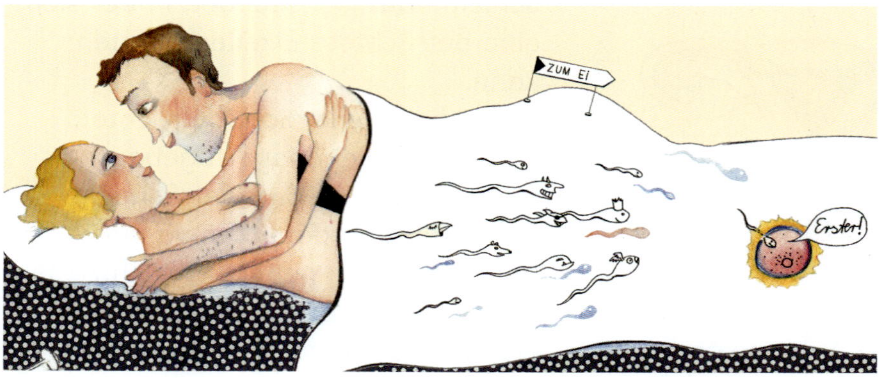

Nur eine einzige Samenzelle schlüpft in die Eizelle hinein und befruchtet das Ei. Sie verschmelzen, die Eizelle ist nun befruchtet.

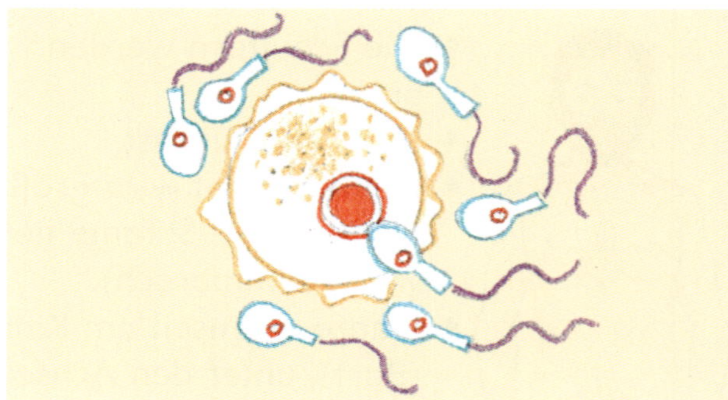

Eizelle und Samenzelle sind so klein, dass man sie nur unter dem **Mikroskop** sehen kann.

Die befruchtete Eizelle beginnt sich zu teilen. Erst in zwei Zellen, dann in vier und immer so weiter. Es entsteht ein kleiner Zellklumpen. Der nistet sich in der Gebärmutter ein. Anfangs nennt man das entstehende Lebewesen Embryo, nach 9 Wochen Fötus und später schon Baby.

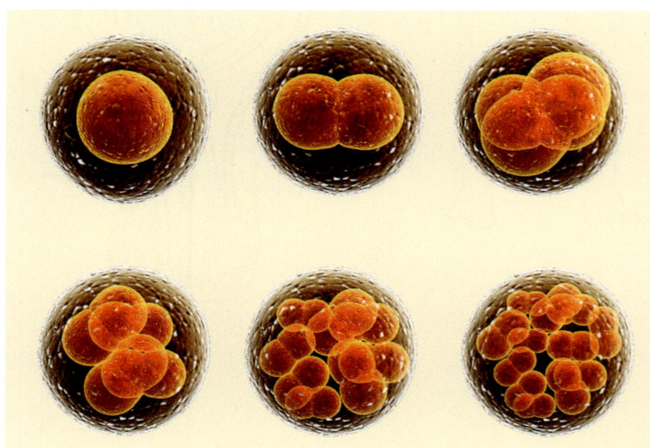

Einblicke in die Entstehung eines neuen Lebens im Zusammenhang mit menschlichen Beziehungen gewinnen; den Vorgang der Zeugung besprechen

S. 2/3, S. 6/7

2 Lies den Text. Betrachte die Bilder. Wie entwickelt sich ein neues Leben?

1. Monat

2. Monat

3. Monat

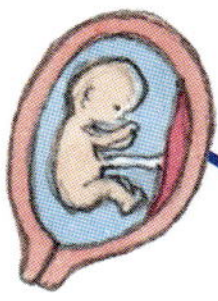

4. Monat

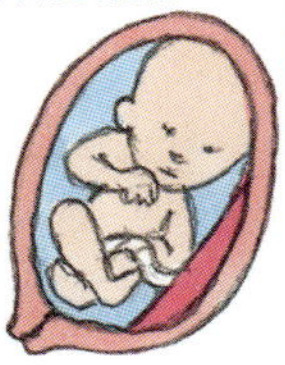

5. Monat

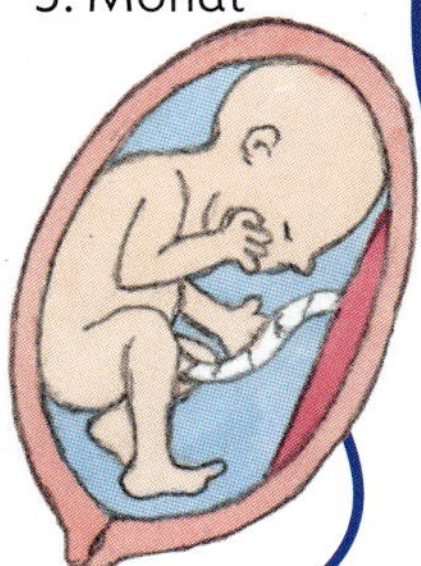

6. Monat

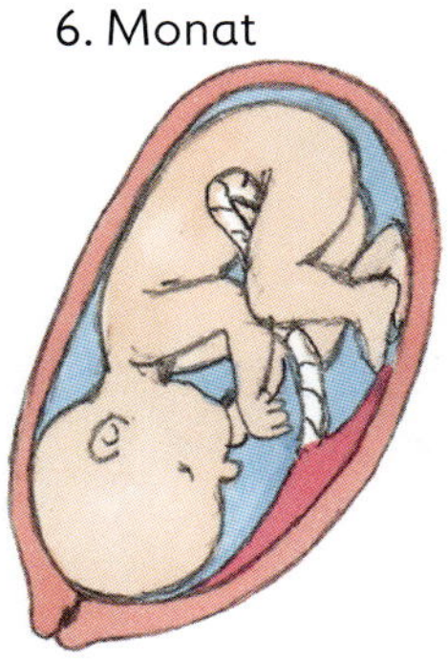

Das Baby entwickelt sich

Das Kind wächst in der Gebärmutter. Dort ist es von einer festen Blase, der Fruchtblase, umgeben. In der Fruchtblase schwimmt das Kind im Fruchtwasser. Das Wasser schützt das Baby zum Beispiel vor Stößen oder zu lauten Geräuschen. Wenn die Mutter läuft, wird es hin und her geschaukelt wie in einer Wiege. Die Schwangerschaft dauert 9 Monate, also etwa 40 Wochen. In der Zeit ist das Kind über eine Nabelschnur mit der Mutter verbunden. Über die Nabelschnur erhält es Nahrung und Sauerstoff. Alles, was die Mutter isst, trinkt und erlebt, beeinflusst die Entwicklung des Kindes. Eine gesunde Lebensweise der Mutter ist daher für das Kind sehr wichtig.

Das Kind ist kleiner als ein Apfelkern. Aber das winzige Herz schlägt schon!

Jetzt zeigen sich schon Kopf, Arme und Beine. Das Kind kann mit den Händchen greifen und den Füßen wackeln.

Das Kind hört Geräusche aus der Umgebung: Stimmen, Musik, das Herzklopfen der Mutter. Es ist etwa 25 cm groß. Auch ist zu erkennen, ob das Baby einen Penis oder eine Scheide hat.

Es schlägt Purzelbäume und strampelt.

Fast fertig! Das Kind ist nun etwa 40 cm groß. Es hat sich schon in die Geburtsrichtung gedreht.

Es geht los: Das Kind schiebt sich durch die Scheide der Mutter in Richtung Welt. Und mit dem ersten Schrei begrüßt es seine Familie.

7. Monat

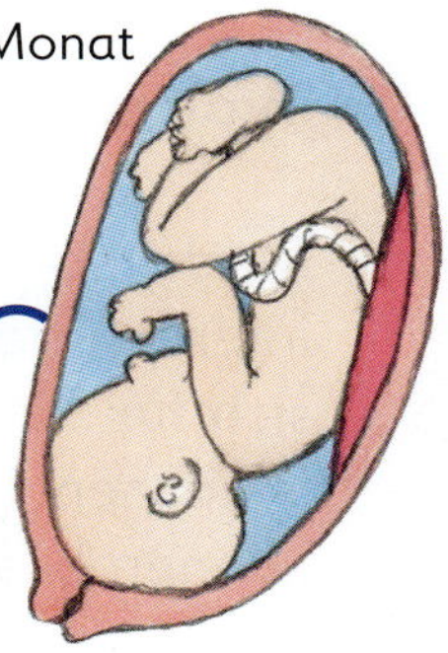

8. Monat

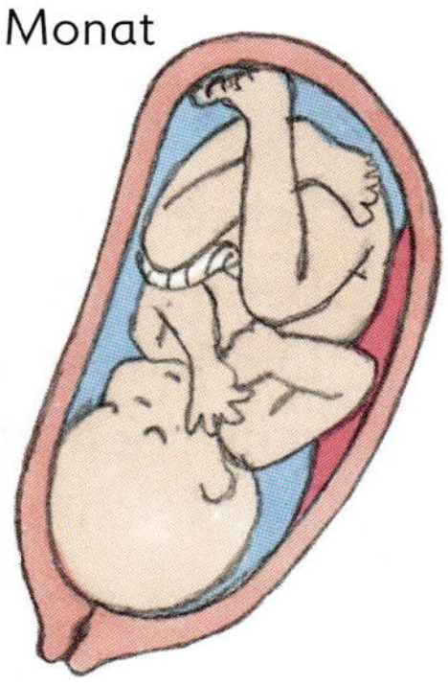

9. Monat

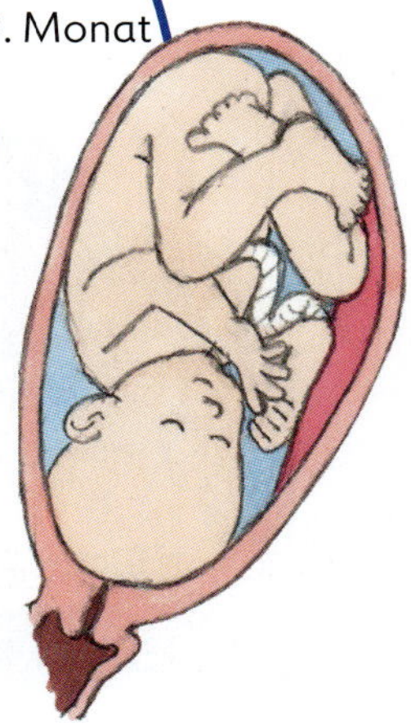

Geburt

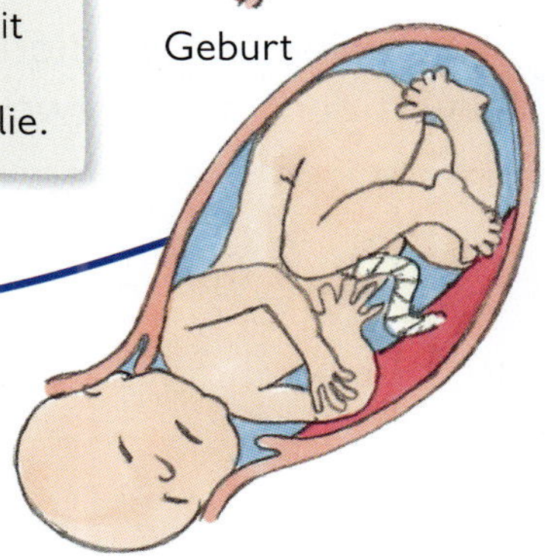

Entstehung eines neuen Lebens und die Entwicklungsstadien des Kindes während der Schwangerschaft kennenlernen; Einflussnahme auf die gesunde Entwicklung des Kindes und die Geburt besprechen

S. 6/7

Jungen und Mädchen … Männer und Frauen

1 Wähle Aufgaben aus. Forsche nach.

1 Typisch Junge – typisch Mädchen?

Mädchen interessieren sich für …
Mädchen können besser …

Jungen interessieren sich für …
Jungen können besser …

Schreibt auf ein Blatt, was ihr zum Thema denkt.
Beendet die Sätze.
Die Jungen schreiben über die Mädchen und die Mädchen schreiben über die Jungen.
Vergleicht eure Ergebnisse in der Klasse.

2 Pubertät

Schreibe auf ein Blatt, was der Vater antworten könnte.

3 Jahre vergehen

Menschen zählen ihr Alter in Jahren. An ihrer Entwicklung kannst du sehen, wie die Jahre vergehen.

Notiere, wie die Lebensabschnitte des Menschen genannt werden.

Über Geschlechterrollen diskutieren, den Begriff „Pubertät“ klären; Phasen im Leben des Menschen benennen und beschreiben

Kreuz und quer durch unser Land

Was macht Mecklenburg-Vorpommern besonders?

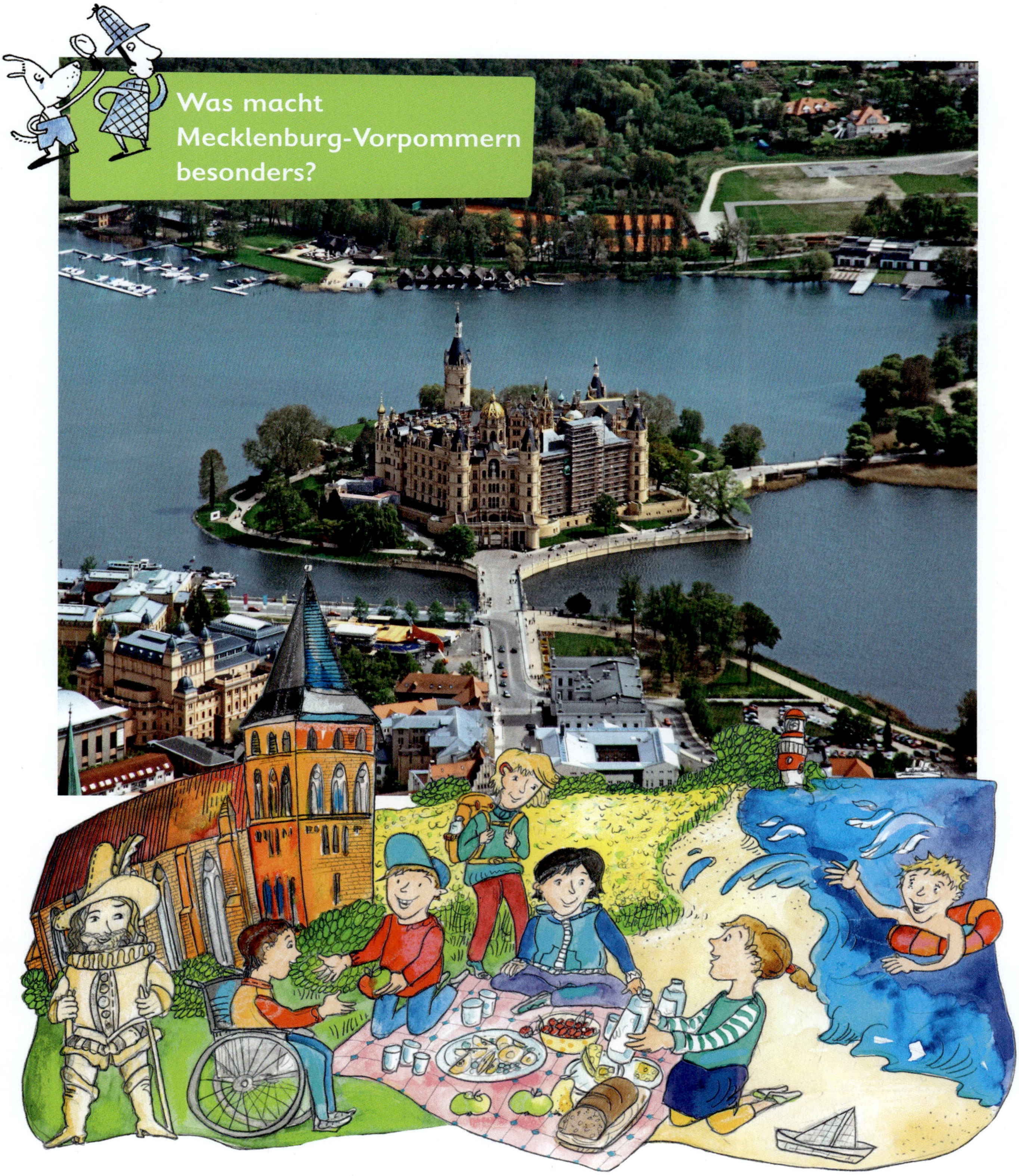

Das Foto beschreiben;
Zusammenhänge zwischen der Frage und der unteren Abbildung herstellen

S. 8/9

Mecklenburg-Vorpommern in Deutschland

1 Finde Mecklenburg-Vorpommern auf der Karte. Wie heißen die benachbarten Bundesländer?

2 Erkläre den Unterschied zwischen Staats**grenze** und Landesgrenze.

Räume differenziert wahrnehmen, erfassen und beschreiben;
Karte lesen und interpretieren

S. 10/11

3 Wiederholt gemeinsam euer Wissen zu den Landkreisen und kreisfreien Städten aus Klasse 3. Stellt euch gegenseitig Fragen.

INTERESSANT

- Der Ort, in dem man lebt, kann ein Dorf, eine kleine Stadt oder eine Großstadt sein.
- Mehrere Orte mit ihrer Umgebung bilden einen Landkreis. Dieser hat eine Kreisstadt. Größere Städte sind meist kreisfreie Städte.
- Viele Landkreise und kreisfreie Städte bilden ein Bundesland wie Mecklenburg-Vorpommern.
- Alle Bundesländer in Deutschland bilden den Bund, genannt Bundesrepublik Deutschland. Deshalb heißen die einzelnen Länder auch Bundesländer.
- Es gibt drei Städte, die auch gleichzeitig ein Bundesland sind: Berlin, Hamburg und Bremen/Bremerhaven.

Um das Zusammenleben der Menschen in Deutschland gestalten und verwalten zu können, wurden unterschiedlich große Gebiete zu Landkreisen zusammengefasst. Mehrere Landkreise und kreisfreie Städte bilden dein Heimatland – Mecklenburg-Vorpommern. Dieses wiederum gehört zur Bundesrepublik Deutschland.

MITMACHEN UND NACHDENKEN

4 Finde heraus, welcher Staat an Mecklenburg-Vorpommern grenzt.

5 Nenne alle Bundesländer mit ihren Hauptstädten. Die Legende der Karte auf Seite 50 hilft dir dabei.

6 Betrachte das Schaubild (Ort, Landkreis …). Erstelle ein solches Schaubild für deine Heimat.

Mit der Karte Mecklenburg-Vorpommerns arbeiten

1 Schreibe bekannte Orte, Flüsse und Erhebungen aus der Karte in eine Tabelle.

Oberflächenkarte von Mecklenburg-Vorpommern

Karten als vereinfacht, verkleinert und verebnet erkennen; Karten lesen, interpretieren, sich damit orientieren: Oberflächenformen beschreiben

Die Karte ist eine verkleinerte, vereinfachte und verebnete Aufsicht auf das ganze Land. Was dort wirklich ist, zeigt die Karte durch Farben, Zeichen und Beschriftungen.

Die Legende erklärt die Farben und Zeichen:
- Autobahnen sind als gelb-schwarze Linien zu sehen.
- Rote Flächen oder kleine, weiße Kreise sind Orte. Das Schriftbild der Ortsnamen kennzeichnet auch, ob es große oder kleine Orte sind.
- Gewässer erkennst du als blaue Linien oder Flächen.

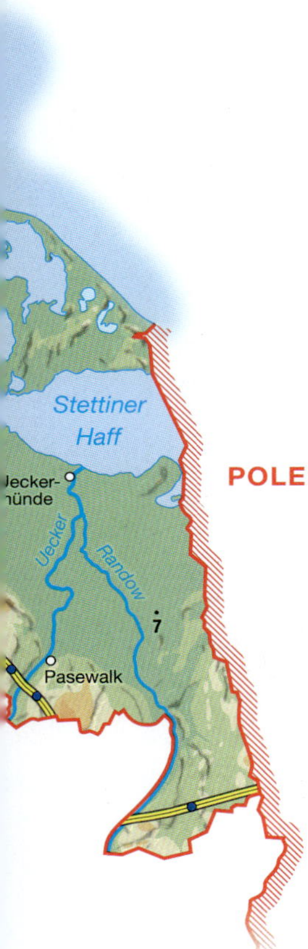

LEICHTER LERNEN

Mit der Landkarte arbeiten
- Betrachte die Karte.
- Lies in der Legende, was die Farben und Zeichen bedeuten.
- Wähle eine Farbe und ein Zeichen aus.
- Finde sie auf der Karte.
- Erkläre, was sie dir sagen, zum Beispiel:
  - zur Landschaft
  - zum Gewässer
  - zum Verkehrsweg
  - zur Lage eines Ortes
  - …

MITMACHEN UND NACHDENKEN

2 Löse die Aufgaben und präsentiere die Ergebnisse:
A In welcher Landschaft liegt dein Heimatort?
B Vergleiche Orte – ihre Größe, ihre Lage, ihre Entfernung zur Landes-Hauptstadt …
C Wo liegen Hügel? Umfahre ihre Flächen mit dem Finger. Nenne ihre Namen und beschreibe ihre Lage.
D In welchen Höhenlagen gibt es Gewässer? Benenne Flüsse.
E Vergleiche zwei Landschaften: ihre Lage, ihre Höhenlage, die Verkehrsanbindung.

3 Erfindet selbst noch Aufgaben zur Kartenarbeit und löst sie.

Karten als vereinfacht, verkleinert und verebnet erkennen;
Karten lesen, interpretieren, sich damit orientieren: Oberflächenformen beschreiben

AH S.20, S.24/25

Unser Land Mecklenburg-Vorpommern im Überblick

1 Lest die Texte. Worüber möchtet ihr mehr erfahren?
Informiert euch und präsentiert die Ergebnisse.

Mecklenburg-Vorpommern ist ein Bundesland der Bundesrepublik Deutschland.

Fläche:	23 170 km²
Landeshauptstadt:	Schwerin
Bevölkerung:	etwa 1,51 Millionen
Bevölkerungs-reichste Stadt:	Rostock
Höchste Erhebung:	Helpter Berge mit 179 m
Flüsse:	Warnow, Peene, Elde …
Seen:	Müritz, Schweriner See, Plauer See …
Inseln/Halbinseln:	Rügen, Usedom, Poel, Darß …

INTERESSANT

Mecklenburg-Vorpommern ist ein Schatz für Naturliebhaber.
Es hat drei große Nationalparks, acht Naturparks und hunderte Landschafts- und Naturschutzgebiete.
Viele Menschen in Mecklenburg-Vorpommern arbeiten daran, den natürlichen Reichtum des Landes zu bewahren.

Das Wappen von Mecklenburg-Vorpommern zeigt einen Greif, einen Adler und zwei Stierköpfe.
Sie erinnern an die Geschichte des Landes:
Den Stierkopf führten früher die Großherzogtümer Mecklenburg-Schwerin und Mecklenburg-Strelitz in ihren Wappen. Der Stier galt als Zeichen für Stärke und Kraft.
Der Greif schmückte **Siegel** und Wappen der pommerschen Herzöge.
Der brandenburgische Adler zeigt an, dass manche Gebiete früher zu Brandenburg gehörten.

Die Landesflagge zeigt fünf Querstreifen, von oben nach unten: blau, weiß, gelb, weiß und rot.
Die Landesdienstflagge trägt außerdem Stierkopf und Greif. Die Farben kannst du dir leicht merken:

blau – das Meer | weiß – die Wolken
gelb – die Felder | rot – die Backsteine

Räume differenziert wahrnehmen, erfassen und beschreiben;
historische Aspekte zum Wappen kennenlernen

Im Norden ist die Landschaft geprägt durch die lange Ostseeküste mit Stränden und steilen Klippen. Dahinter liegen im flachen Land weite Felder, saftige Wiesen sowie kleine und große Waldgebiete. In den Seen- und Flusslandschaften gibt es uralte Moore und blühende Heiden mit seltenen Tier- und Pflanzenarten. Landeinwärts erstrecken sich sanfte Hügel.

Mecklenburg- Vorpommern ist ein **Agrarland**, in dem hauptsächlich Getreide und Raps angebaut werden.
Die „Wiesenlewitz", ein Gebiet zwischen Schweriner See und Neustadt-Glewe, wird heute meist für die Rinder- und Pferdezucht genutzt.
Die Lewitzschecken sind kräftige Ponys, auf denen Kinder gut reiten können.

„Mecklenburgische Schweiz" nennen die Menschen die Gegend, in der es Höhenunterscheide von über 100 Metern gibt.

Die Ostsee mit ihren Inseln und die Mecklenburger Seenplatte werden seit Jahren wegen der schönen Landschaft von vielen **Touristen** besucht. Schon 1793 gründete man in Heiligendamm das erste deutsche Seebad.
Die Flusslandschaft im Peenetal lockt viele Paddler an.

MITMACHEN UND NACHDENKEN

2 Erforsche: Welche Bedeutung haben Wappen für ein Land?

3 Gestalte einen Kurzvortrag zu deinem Land.

Unsere Landeshauptstadt Schwerin

1 Wusstest du, dass im Schweriner Schloss ein Geist herumspukt?
Wusstest du, dass ein „Löwe“ die Stadt Schwerin gegründet hat?
Wusstest du, dass am Pfaffenteich Schirmkinder auf dich warten?

Kommt mit auf einen kleinen Stadtrundgang.

Schweriner Schloss
Mit seinen vielen kunstvoll gestalteten Türmen und der golden glänzenden Kuppel sieht das Schweriner Schloss wie ein Märchenschloss aus. Es liegt mit seinem **Burggarten** auf einer kleinen Insel. Zwei Brücken verbinden die Insel mit dem **Schlossgarten** und der Altstadt Schwerins. Heute sind im Schloss der Schweriner Landtag und ein Schlossmuseum untergebracht.

Staatliches Museum
Das Gebäude nahe dem Schweriner See wurde schon 1882 erbaut. Es zeigt heute zahlreiche Bilder berühmter niederländischer Maler und wechselnde Sonderausstellungen.

Ältestes Fachwerkhaus Schwerins
Das Haus wurde vor über 500 Jahren gebaut. Es ist so klein, dass es „Kommodenhaus“ genannt wird. Die Leute meinen, dass nur eine Kommode in das Haus hineinpassen würde. Stimmt das?

Altstädter Markt
Der Markt ist ein zentraler Platz in Schwerin, auf dem auch der Dom der Stadt steht. Bereits um 1270 wurde mit dem Bau des Doms begonnen. Sein Turm ist 117,4 Meter hoch.

Pfaffenteich

Der „Papendiek“ ist ein künstlich angelegter Teich, an dem früher die Pfarrer und Bischöfe der nahe gelegenen Kirchen ihre Gärten hatten. So erhielt der Teich den Namen „Pfaffenteich“.
Heute gibt es eine Fährverbindung über das kleine Gewässer.

Demmlerhaus

In diesem Haus wohnte Georg Adolph Demmler, ein bedeutender Architekt. Im Jahr 1841 wurde er Hofbaurat und entwarf in dieser Zeit die meisten Pläne für die herrschaftlichen Bauten in Schwerin. Dazu gehört auch die Fassade des alten Rathauses.

Altstädter Rathaus

Das alte Gebäude ist für die Stadtverwaltung zu klein geworden. Daher wird es heute nur noch für Sitzungen der Stadtvertretung genutzt. Im Haus befindet sich auch die Touristeninformation.

INTERESSANT

Im Schweriner Zoo könnt ihr über 600 Tiere sehen. Bei Fütterungen von Pinguinen, Pelikanen, Bären oder Giraffen erfahrt ihr viel Wissenswertes über die Tiere. Sehenswert ist auch das Löwenland.

MITMACHEN UND NACHDENKEN

2 Heute seid ihr Reiseleiter. Erzählt über die genannten Sehenswürdigkeiten der Stadt Schwerin.

3 Wähle aus und forsche nach:
- Wie heißen berühmte niederländische Maler, deren Bilder im Staatlichen Museum in Schwerin hängen?
- Wo steht das Löwendenkmal, das an Heinrich den Löwen erinnern soll?
- Was ist die Weiße Flotte?

AH S. 30   S. 4/5

Entlang der Ostseeküste

An der Ostseeküste gibt es kilometerlange Sandstrände und schroffe Steilküsten, Naturparks, Leuchttürme, Fischerdörfer und Seebäder. Die Landschaft der Ostsee ist ein Urlauberparadies.

1 An der 377 Kilometer langen Ostseeküste liegen viele Inseln und **Halbinseln**. Finde die Inseln und Halbinseln auf der Karte und nenne sie.

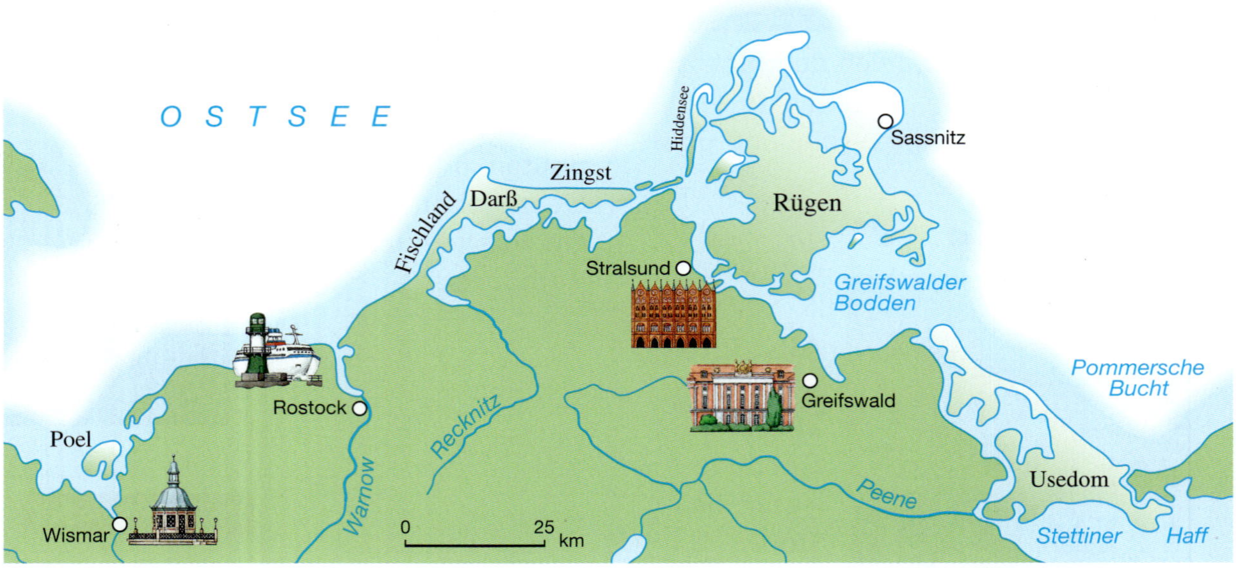

Die größte deutsche Insel ist die Insel Rügen. Der Rügendamm und die Rügenbrücke verbinden die Insel mit dem Festland. Dazwischen fließt der Strelasund. Jeder Ort auf der Insel liegt weniger als 10 km vom Wasser entfernt.

Die Kreidefelsen sind das Wahrzeichen der Insel. Die Kreide entstand vor etwa 70 Millionen Jahren aus winzigen Meerestieren, die sich am Meeresboden ablagerten und dort fest wurden.

An der Ostseeküste liegen die alten Hanse-Städte Wismar, Rostock, Stralsund und Greifswald.

Im Mittelalter schlossen sich die Kaufleute und Städte zu einem Bund zusammen, der **Hanse**. Dieser Bund entwickelte den Ostseehandel und die Städte wurden sehr reich. Der Seeräuber Störtebeker soll zu jener Zeit als Pirat die Handelsschiffe überfallen haben.

Räume differenziert wahrnehmen, erfassen und beschreiben; die Ostsee mit ihren Inseln auf der Karte wiederfinden; Geschichte einiger Städte als Hanse-Städte kennenlernen

S. 10/11

Der Nationalpark Vorpommersche Boddenlandschaft

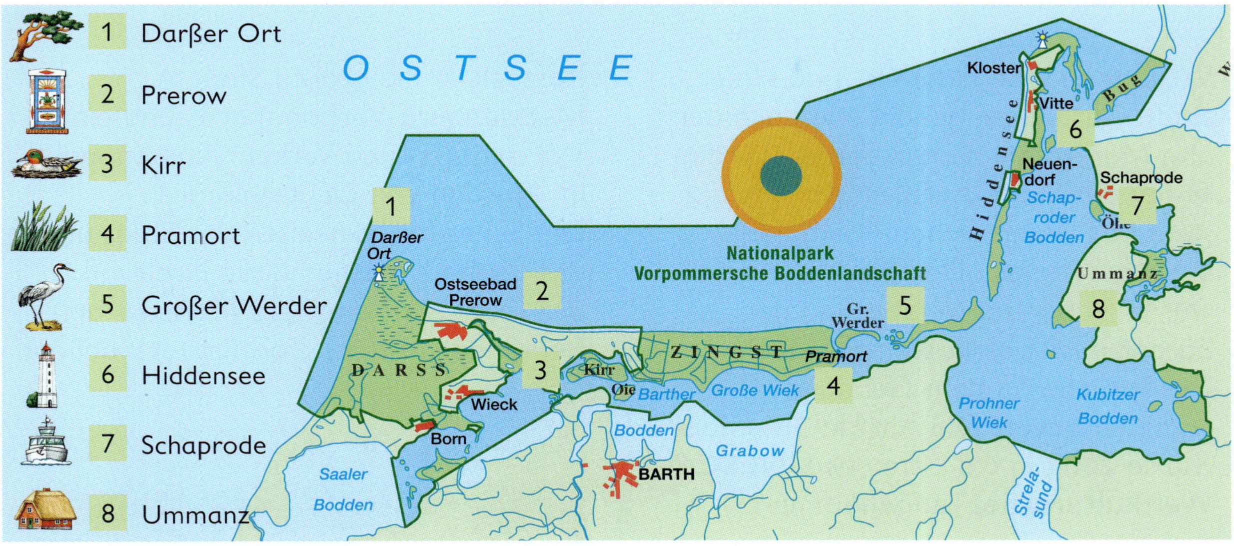

Der Nationalpark ist ein Gebiet mit besonders wertvoller ursprünglicher Landschaft. Sie soll vom Menschen nicht oder nur wenig beeinflusst werden. Hier darf sich die Natur frei entfalten und entwickeln.

Diese **Bodden**landschaft ist einmalig auf der Welt. In den Gewässern leben Fischarten wie Blei, Aal, Plötze, Barsch, Zander und Hecht. Sie finden im Wasser ein großes Nahrungsangebot. Die Fische sind wiederum Nahrung für Haubentaucher, Gänsesäger und andere Vögel. Zweimal im Jahr rasten hier tausende Kraniche auf ihrem Vogelzugweg.

INTERESSANT

Die Vorpommersche Boddenlandschaft:
- ist der größte **National-park** im Land,
- hat Flach- und Steilküsten, Buchten, Strandseen, **Windwatte**, **Kliffs** und Dünen,
- ist Heimat seltener Pflanzen und Tiere,
- ist ein Paradies für Wasservögel,
- ist das größtes Rastgebiet für Kraniche in Mitteleuropa.

MITMACHEN UND NACHDENKEN

2 Erzähle über Störtebeker. Suche Informationen unter www.fragFinn.de, Suchwort: Störtebeker.

3 Erkundet: Welches Schutzgebiet gibt es in eurer näheren Umgebung? Warum ist das Gebiet geschützt?

Alte Hansestädte

1 Betrachtet die Karte und lest die Texte.

Wismar ist eine Handels- und Hafenstadt. Der Hafen gehört wie auch der alte Marktplatz zu den Sehenswürdigkeiten der Stadt. Auf dem Marktplatz steht das Wahrzeichen Wismars: die Wasserkunst. Das Brunnenhaus wurde früher zur Versorgung der Bürger mit Trinkwasser gebraucht. Die Sprüche an dem Gebäude erzählen davon. Die Altstadt Wismars wurde 2002 in die Liste des **UNESCO-Weltkulturerbes** aufgenommen.

Rostock ist die größte Stadt Mecklenburg-Vorpommerns und ein Wirtschafts- und Verkehrsknotenpunkt im Norden von Deutschland.
Die Sehenswürdigkeiten der Stadt und das Seebad Warnemünde direkt an der Ostsee locken viele Touristen an.
Bei Kindern ist der Zoo Rostock beliebt.

Rostock

Wismar

In Mecklenburg-Vorpommern gibt es über 2000 Schlösser, Burgen und Herrenhäuser.
Im Klützer Winkel, nahe Wismar, liegt das Schloss Bothmer. Es ist die größte **barocke** Schlossanlage des Landes. Sie wurde von 1726 bis 1732 erbaut.

Orte unter dem Aspekt der historischen Betrachtung erschließen und damit ausgewählte Baudenkmale kennenlernen; Räume erschließen und beschreiben können.

Auch die Altstadt von Stralsund mit ihrer mittelalterlichen Anlage gehört zum Weltkulturerbe der UNESCO.
Seit 2007 verbindet eine neue Brücke Stralsund mit der Insel Rügen. Die Schrägseilbrücke schaut wie ein Segelschiff aus.
Im Deutschen Meeresmuseum erfahren die Besucher viel über das Meer und seine Bewohner.

Die Stadt Greifswald liegt an der **Mündung** des Flusses Ryck.
Hier gibt es seit über 500 Jahren eine Universität, die heute von über 10 000 Studenten besucht wird.
Weltweit bekannt ist der Greifswalder Maler Caspar David Friedrich (1774–1840). Einige seiner Gemälde können im Pommerschen Landesmuseum der Stadt betrachtet werden.

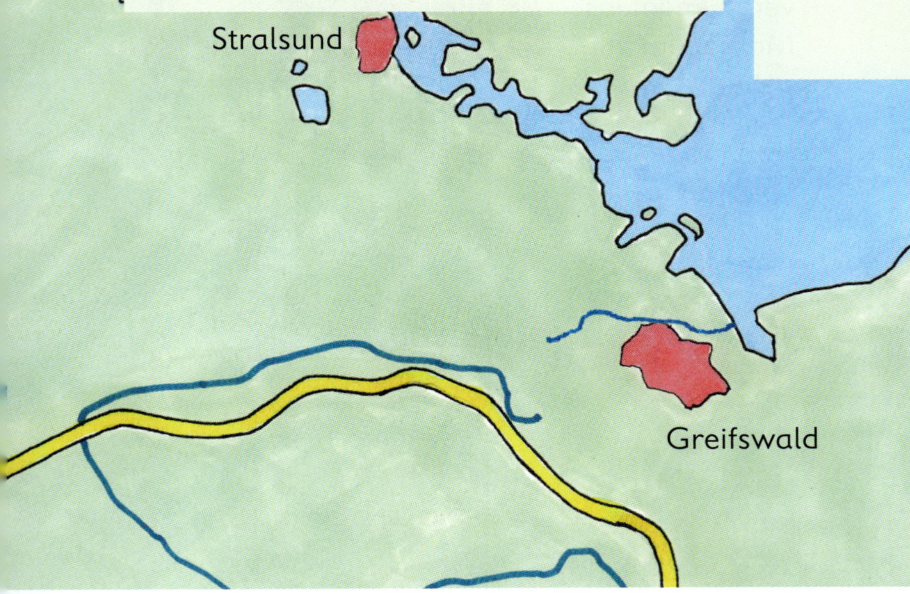

INTERESSANT

Backstein

Backstein gehört zu den ältesten Bausteinen und ist auch heute noch beliebt. Die Bausteine werden aus Lehm oder Ton mit Zusätzen gebrannt. Sie sind wetterfest und sehr haltbar. Als im Mittelalter Kirchen und Klöster gebaut wurden, gab es noch keine einheitlichen Maße für die Steine. Da mussten die Bauherren aufpassen, dass die Mauern nicht krumm und schief wurden. Man stritt sich lange um die Größe.
Erst im Jahr 1872 gab es ein Gesetz, das ein einheitliches Maß für die Steine vorschrieb.

MITMACHEN UND NACHDENKEN

2 Was möchtest du dir über die Hansestädte merken? Schreibe es auf.

3 Gestaltet ein Lapbook über eine Hansestadt.

4 Erzähle über die Hanse. Suche Informationen unter www.frag.FINN.de, Suchwörter: Hanse Bedeutung.

Im Mecklenburger Seenland

1 Folgt den Orten an den Seen.

Im südlichen Mecklenburg liegt eines der größten zusammenhängenden Seengebiete Europas. Mehr als 1000 Seen, die vor 10000 Jahren entstanden sind, geben dem Mecklenburger Seenland seinen Namen. Vom Wasser aus, auf Wanderungen oder als Radfahrer erleben Besucher die abwechslungsreiche Natur, kleine Dörfer und Städte, alte Gutshöfe und im neuen Glanz erstrahlende Schlösser.

Die Altstadt von Malchow liegt auf einer Insel im Malchower See. Östlich ist die Insel über einen Erddamm und westlich durch eine 15 Meter lange Drehbrücke mit dem Festland verbunden. Die Drehbrücke öffnet sich zu jeder vollen Stunde, um Schiffen die Durchfahrt zu ermöglichen.

Die Müritz ist der größte See, der vollständig in Deutschlands liegt.
Sie wird wegen ihrer Größe auch „Kleines Meer“ genannt. Wer die größte Stadt an der Müritz besucht, sollte nicht versäumen, ins Müritzeum zu gehen.

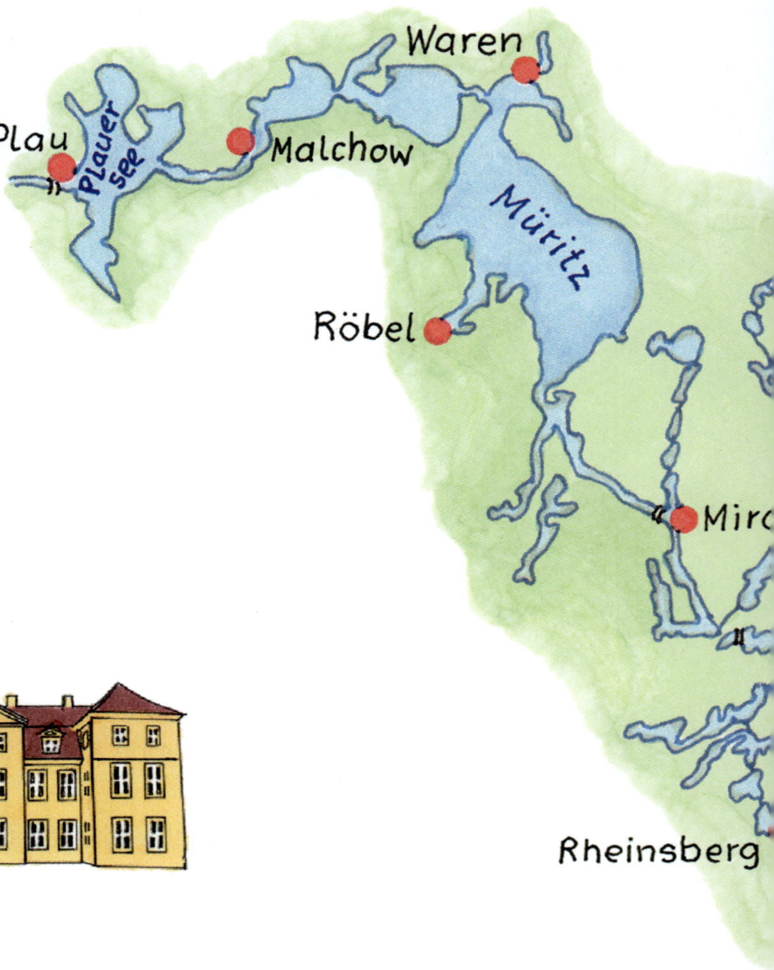

Auf einer Halbinsel des Mirower Sees steht das Schloss Mirow. Seit einigen Jahren ist es mit seinen Nebengebäuden als Museum eingerichtet und zeigt, wie die Menschen früher dort lebten.

Räume differenziert wahrnehmen und beschreiben; die Region Mecklenburger Seenland kennenlernen; Zusammenhang zwischen Historie, Naturschutz und Tourismus erfassen

Neustrelitz ist die einstige Landeshauptstadt von Mecklenburg-Strelitz.
Das Schloss der ehemaligen mecklenburgischen Herzöge wurde Ende des Zweiten Weltkrieges zerstört, erhalten geblieben sind die Schlosskirche, die **Orangerie**, der Schlosspark und weitere Baudenkmale inmitten der Stadt.

Der Ort Feldberg ist umgeben von acht Seen. Hier kommen Seeadler, Fischadler und der seltene Schreiadler vor.
In der Nähe liegt das älteste Waldschutzgebiet Deutschlands, das „Heilige Hallen" genannt wird.

Die Buchen sind bis zu 53 Meter hoch und bis zu 350 Jahre alt.
Nur wenige Kilometer von Feldberg entfernt liegt das Dorf Carwitz, in dem der Schriftsteller Hans Fallada viele Jahre seines Lebens verbrachte. Hans Falladas schrieb auch für Kinder, zum Beispiel: „Mäusecken Wackelohr", „Hoppel Poppel, wo bist du?"

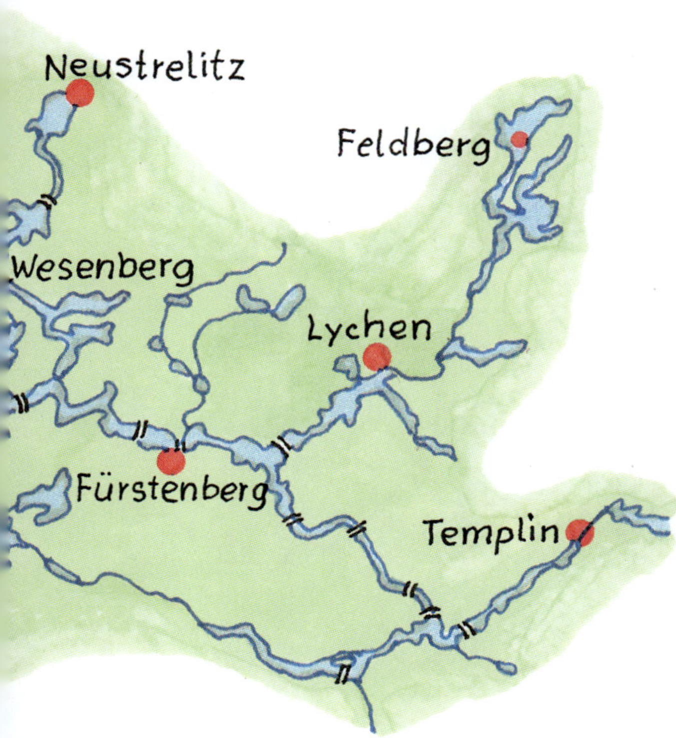

MITMACHEN UND NACHDENKEN

2 Messt auf eurem Schulhof aus, wie hoch Bäume in den „Heiligen Hallen" werden können.

3 Finde heraus: In welcher Stadt steht das Müritzeum? Was kannst du dort entdecken?

4 Forsche nach, wie eine Drehbrücke funktioniert.

Von Sassnitz nach Ludwigslust

Mecklenburg-Vorpommern ist ein Flächenland.
Wenn ihr mit dem Zug von Sassnitz auf Rügen bis nach Ludwigslust in die Griese Gegend fahrt, müsst ihr mehrmals umsteigen und ihr seid über 4 Stunden unterwegs.
Auch mit dem Auto dauert es über 2,5 Stunden Fahrzeit.

1 Auf der Fahrt von Sassnitz nach Ludwigslust kommt ihr an interessanten Orten vorbei.
Vermutet, was die kleinen Bilder euch zeigen.

Die Griese Gegend um Ludwigslust ist sehr flach und sandig. Der graue „Sand"-Boden oder die graue Leinenkleidung, die früher die Bauern bei der Arbeit trugen, haben vermutlich der Gegend ihren Namen gegeben. Der Begriff „gries" stammt aus dem Niederdeutschen und heißt „grau".
Heute sind hier viele Felder und Kiefernwälder, dazwischen Heide und Moor, zu finden.

In Ludwigslust ist heute eine der schönsten alten Schlossanlagen des Landes zu bestaunen. Viele Handwerker und Künstler haben das Schloss, den prächtigen Garten mit den uralten Bäumen und Wasseranlagen und die vielen Nebengebäude wieder im alten Glanz hergestellt.

In Redefin werden seit 300 Jahren Pferde gezüchtet. Die jährlichen Hengstparaden sind bekannt und ziehen viele Besucher an.

Merkmale eines Raumes erkunden, beschreiben und dokumentieren;
Schönheit und Nutzen der Landschaft und alter Gebäude an Beispielen kennenlernen

An der Trebel liegt das Naturschutzgebiet Trebeltal mit seinen Mooren und Sümpfen. Dort sind zahlreiche seltene Pflanzen- und Tierarten zu finden, zum Beispiel verschiedene Orchideen, Pfeifengras, das Sumpfhuhn und der Eisvogel.

Auf der Insel Rügen beginnt die Deutsche Alleenstraße. Alte und junge Bäume stehen dicht nebeneinander rechts und links am Straßenrand. Die Bäume bringen vielfältigen Nutzen für die Natur.

Mecklenburg-Vorpommern ist ein dünn besiedeltes Land mit weiten freien Flächen und einer schönen Landschaft.

MITMACHEN UND NACHDENKEN

2 Informiere dich im Internet über die Deutsche Alleenstraße.

3 Sucht ein Schloss in eurer Nähe und gestaltet ein Lapbook dazu.

Wirtschaft in Mecklenburg-Vorpommern

1 Lies die Texte. Begründe, warum diese Wirtschaftszweige für Mecklenburg-Vorpommern wichtig sind.

Zu den wichtigsten Wirtschaftsbereichen in Mecklenburg-Vorpommern gehören die Land- und Ernährungswirtschaft, die maritime Wirtschaft, der Tourismus und die Holzwirtschaft.

Die Landschaft und die Natur locken viele Urlauber nach Mecklenburg-Vorpommern. Sie können sich in ihren Ferien beim Wandern, Radfahren, Reiten, Baden, Segeln oder Surfen erholen. Weitere Angebote für die Touristen sind Seeschifffahrten, Stadtbesichtigungen, Museumsbesuche, Ausstellungen, Konzerte und Festspiele, aber auch besondere Heilkuren. Der Ausbau des Tourismus schafft neue Arbeitsplätze.

Zum Bereich der maritimen Wirtschaft gehören alle Arbeitsbereiche, die durch das Meer und die Gewässer des Landes beeinflusst werden. Dazu zählen: der Schiffbau, die Fischerei, die Hafenwirtschaft, der Fährverkehr, die Kreuzfahrt- und Fahrgastschifffahrt, die Segelmacherei, die Segel- und Tauchschulen …
In den Werften werden vor allem Containerschiffe, aber auch Tanker und **Kreuzliner** gebaut.
Im Rostocker Hafen werden große Containerschiffe be- und entladen. Sie transportieren zum Beispiel Stückgüter wie Konserven oder Maschinen, Schüttgüter wie Getreide, Kohle oder Erz und Flüssigkeitsgüter wie Öl.
Durch die gute Verkehrsanbindung ist der Hafen in Rostock das „Drehkreuz“ für europäische Verkehrswege in alle Himmelsrichtungen.

INTERESSANT

Mecklenburg-Vorpommern soll zum Gesundheitsland Nummer eins werden. Dafür setzt sich die Landesregierung ein. Von der Ostsee bis zur Seenplatte gibt es schon heute viele moderne Gesundheitseinrichtungen, in denen gut ausgebildete Mitarbeiter sich um Kurgäste und Patienten kümmern.

Räume nutzen; Zusammenhänge von Natur- und Sozialfaktoren erkennen: Tourismus und maritime Wirtschaft als einen Wirtschaftsfaktor kennenlernen

Mehr als die Hälfte der Fläche Mecklenburg-Vorpommerns wird durch die Landwirtschaft genutzt. Meist bauen größere Betriebe **Kulturpflanzen** an und halten Tiere. Es werden Getreide und Ölfrüchte sowie Mais, Kartoffeln, Zuckerrüben und Futterpflanzen angebaut.

Raps ist die „Ölquelle des Nordens“. Aus seinen Samen wird Öl gewonnen. Es wird zu Speiseöl verarbeitet und als Zusatz in Margarine und Butter verwendet. Rapsöl wird auch als Biokraftstoff und Grundstoff für Farben, Bio-Kunststoffe oder Schmieröle genutzt. Die Nebenprodukte beim Ölpressen, zum Beispiel „Rapskuchen“, sind wertvolles Futtermittel für die Nutztiere.

In den letzten Jahren hat der ökologische Landbau in Mecklenburg-Vorpommern deutlich zugenommen. Im ökologischen Pflanzenanbau werden keine chemischen Düngemittel eingesetzt. Unkraut und Schädlinge bekämpft man auf natürliche Weise.

Landwirte in kleineren Öko-Betrieben sorgen dafür, dass die Tiere **artgerecht** gehalten werden. Sie versuchen auch, Ackerbau und Viehhaltung miteinander zu verbinden. Auf den Ackerflächen werden neben Pflanzen auch die Futterpflanzen für die Tierhaltung erzeugt.

MITMACHEN UND NACHDENKEN

2 Wähle eine Kulturpflanze aus, die in Mecklenburg-Vorpommern angebaut wird. Erforsche und beschreibe „Vom Anbau bis zur Ernte der Kulturpflanze“.

3 Wähle dir einen Wirtschaftszweig aus und erforsche, welche Berufe es in diesem Wirtschaftszweig gibt. Beschreibe einen Beruf genauer.

4 Viele Menschen arbeiten in Bereichen der Dienstleistung. Was gehört zu Dienstleistungen? Schreibe Beispiele auf.

Sicher unterwegs

- Kinder bis acht Jahre müssen immer auf dem Gehweg fahren.
- Kinder bis 10 Jahre dürfen noch auf dem Gehweg fahren.
- Kinder ab dem zehnten Geburtstag müssen auf dem Radweg oder der Straße fahren.

1 Lernt die Verkehrsregeln.

1 Was gehört zu einem verkehrssicheren Fahrrad?
Zeige und benenne die Teile an einem originalen Fahrrad.

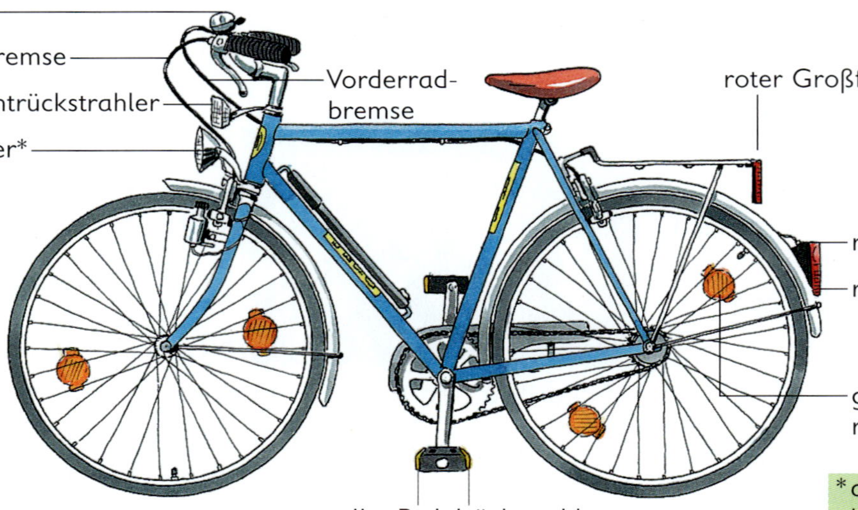

2 Ein Helm verhindert keinen Unfall, aber er schützt bei einem Sturz den Kopf.
Folgendes sollte beim Tragen des Helms beachtet werden:

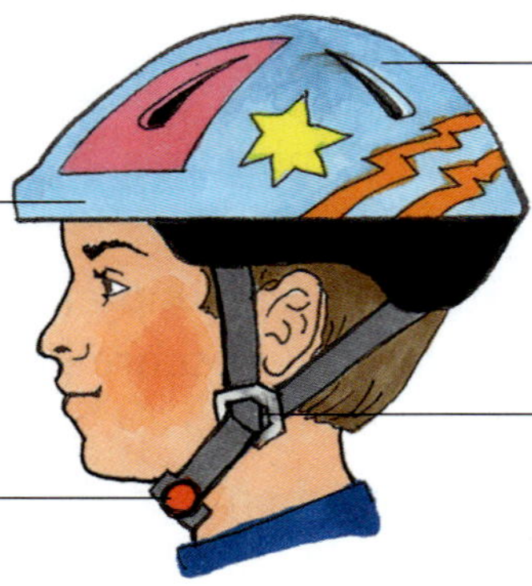

Verkehrsverhalten festigen, Fahrradprüfung vorbereiten, Nutzung von Gehwegen;
Bestandteile des Fahrrades, Helmpflicht

3 Was müssen die Radfahrer auf den Bildern beachten?
Schau dir die Verkehrsschilder an.

4 An manchen Kreuzungen oder **Einmündungen** gibt es keine Ampeln oder Verkehrszeichen. Hier gilt die Vorfahrtsregel „rechts vor links“. Dies bedeutet: Wer von rechts kommt, hat Vorfahrt.
Ausnahmen sind Wald- oder Feldwege sowie Einfahrten.

MITMACHEN UND NACHDENKEN

2 Wiederholt die Vorfahrtsregeln.

3 Ein Fahrrad muss verkehrssicher und betriebssicher sein.
Was wird bei der Prüfung auf Betriebssicherheit getestet?
Informiert euch im Internet.

Auf dem Weg

1 Erklärt, wie ihr euch in diesen Situationen verhalten müsst.

5 Diese Verkehrszeichen haben diese Regeln.

Fußgänger und Radfahrer benutzen den Weg gemeinsam. Sei als Radfahrer stets bremsbereit.

Fahrzeuge innerhalb des Kreisverkehrs haben Vorfahrt. Achte auf sie beim Einfahren.

Warte am Ende des Radweges, bis die Fahrbahn frei ist. Fahre dann zügig weiter.

6 Wie muss ich mich verhalten?

Wenn eine Straßenbahn an einer Haltestelle anhält, musst du als Radfahrer auch stehen bleiben.

Steige vom Rad ab und gehe über die Straße. Das ist sicherer.

7 Ein parkendes Fahrzeug oder eine Baustelle versperren den Weg.
Du musst beim Vorbeifahren deine Fahrspur verlassen.

- a Auf den Gegenverkehr achten
- b Schulterblick über die linke Schulter
- c Handzeichen nach links
- d Am Hindernis vorbeifahren
- e Handzeichen nach rechts, einordnen

Fahrradprüfung vorbereiten;
Verkehrsregeln beim Radfahren beschreiben

8 Das Linksabbiegen ist schwierig und gefährlich.
Schau dir an, wie es richtig geht.

8 Auf Fußgänger achten

7 Abbiegen

6 Nochmals umsehen

5 Auf den Gegenverkehr achten (Fahrzeuge vorbeilassen)

4 Vorfahrt beachten

1 Schulterblick über die Schulter (Ist die Straße frei?)

2 Handzeichen nach links geben

3 In die linke Fahrspur einordnen

9 So ist das Linksabbiegen sicherer.

Denke daran, dass du dein Rad über den Fußgängerüberweg immer schieben musst. Wenn du dein Fahrrad schiebst, bist du ein Fußgänger. Dann darfst du den Fußgängerüberweg wie ein Fußgänger benutzen.

MITMACHEN UND NACHDENKEN

2 Wiederhole die acht Punkte, die du beim Linksabbiegen beachten musst.

3 Beschreibe das Linksabbiegen in **9**.
Nutze die Nummern 1–5.

Verkehrsregeln

1 Wähle Aufgaben aus. Forsche nach.

1 Verhalten in gefährlichen Situationen

Was ist richtig, A oder B?

Situation	Antwort A	Antwort B
	Da habe ich nie Probleme beim Radfahren.	Ich kenne die Gefahr und fahre vorsichtiger.
	Ich bleibe hinter den Fahrzeugen auf der Straße stehen.	Ich schlängle mich auf der Straße rechts vorbei bis an die Kreuzung.
	Ich schaue, ob ein Autofahrer ausparken will und fahre achtsam.	Die Autofahrer müssen den Verkehr beachten, ich kann ganz schnell vorbeifahren.
	Der Autofahrer sieht mich bestimmt.	Ich habe Grün und fahre bremsbereit weiter.

2 Achtung Gefahr!

Betrachte das Bild.
Beschreibe die Gefahr für den Radfahrer und die andere Person.
Wie müssen sich der Radfahrer und die andere Person verhalten?

3 Rot und zugleich Grün?

Was bedeutet dieses Signal?

Forschungsaufgaben zum Verkehr lösen;
gefährliche Situationen einschätzen lernen

AH S.32/33

Früher und heute

Warum verändert sich alles im Laufe der Zeit?

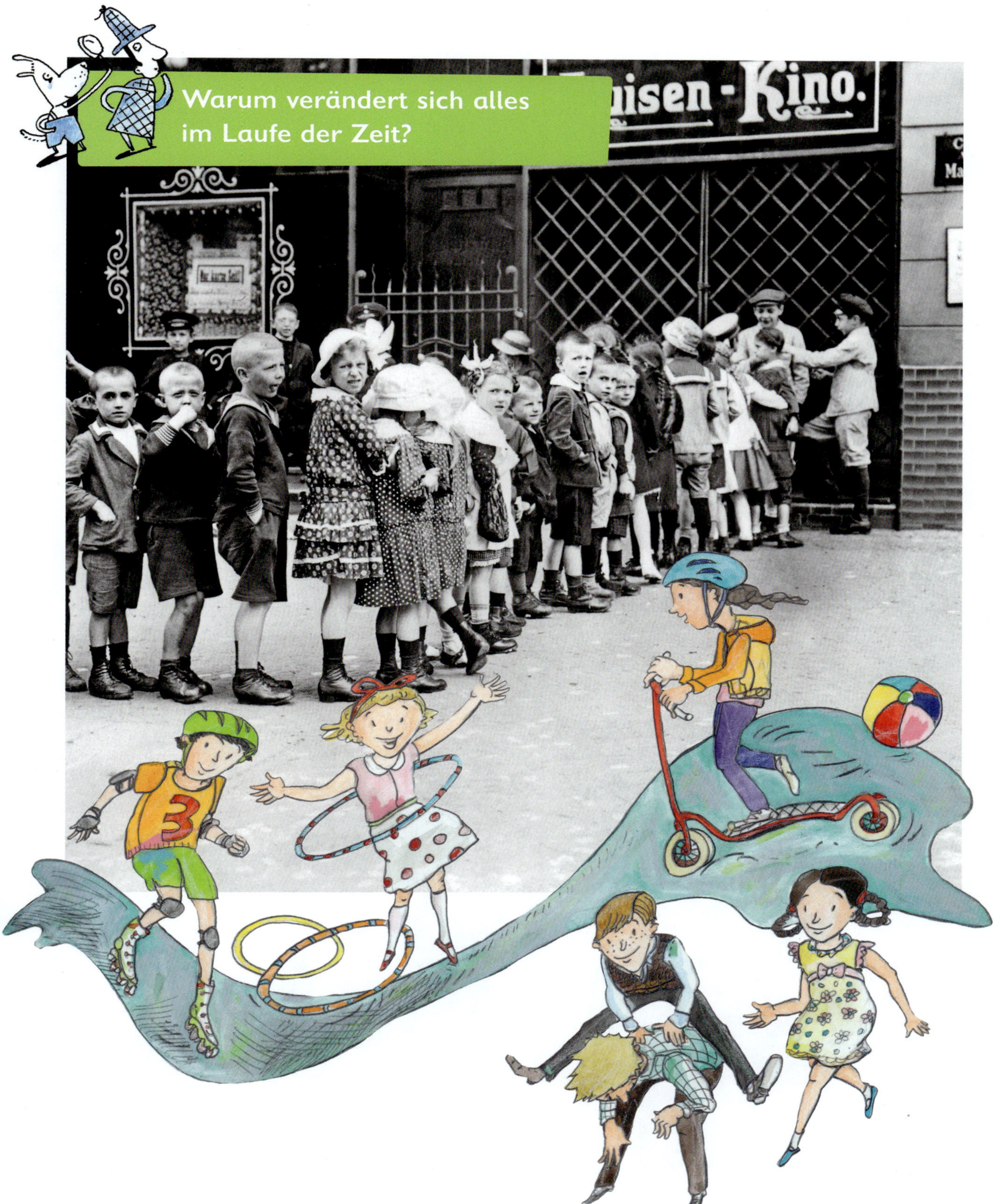

Alles verändert sich – Lebensformen früher und heute

Das Buch *Emil und die Detektive* hat Erich Kästner im Jahr 1929 geschrieben. Auf diesen zwei Seiten findest du Ausschnitte aus dem Kinderbuch.

1 Lies den Text auf dieser Seite. Schreibe Stichpunkte zum Text auf. Vergleiche die Beschreibungen mit deinem Leben heute.

Emil hatte keinen Vater mehr. Doch seine Mutter hatte zu tun, frisierte in ihrer Stube, wusch blonde Köpfe und braune Köpfe und arbeitete unermüdlich, damit sie zu essen hatten und die Gasrechnung, die Kohlen, die Miete, die Kleidung, die Bücher und das Schulgeld bezahlen konnten. Nur manchmal war sie krank und lag zu Bett. Der Doktor kam und verschrieb Medikamente. Und Emil machte der Mutter heiße Umschläge und kochte in der Küche für sie und sich. Und wenn sie schlief, wischte er sogar die Fußböden mit dem nassen Scheuerlappen, damit sie nicht sagen sollte: „Ich muss aufstehen. Die Wohnung verkommt ganz und gar."

(aus: Erich Kästner: Emil und die Detektive.)

INTERESSANT

Emil und die Detektive wurde allein in Deutschland dreimal verfilmt (in den Jahren 1931, 1954, 2001). 1934 erschien die weniger bekannte Fortsetzung des Romans mit dem Titel „Emil und die drei Zwillinge".

2 Vergleiche: Küchengeräte vor etwa 100 Jahren und heute.

Lebensgewohnheiten von früher kennelernen; Informationen aus literarischer Quelle mit heutigen Lebensumständen vergleichen; Alltagsgegenstände vergleichen

Technik verändert sich

Wer von euch weiß, wie eine Pferdebahn aussieht? Aber da sie gerade um die Ecke biegt und hält, weil Emil winkt, will ich sie euch rasch beschreiben. Bevor sie weiterzuckelt.
Also, die Pferdebahn ist, zunächst mal, ein tolles Ding. Ferner, die läuft auf Schienen wie eine richtige erwachsene Straßenbahn und hat auch ganz ähnliche Wagen, aber es ist eben doch nur ein Droschkengaul vorgespannt.

Für Emil und seine Freunde war der Droschkengaul einfach ein Skandal, und sie phantasierten von elektrischen Bahnen mit Ober- und Unterleitungen und fünf Scheinwerfern vorn und drei hinten, aber der Magistrat von Neustadt fand, dass die vier Kilometer Schienenstrang ganz gut von einer lebenden Pferdekraft bewältigt werden konnten. Bis jetzt konnte also von Elektrizität gar keine Rede sein, und der Wagenführer hatte nicht das Geringste mit irgendwelchen Kurbeln und Hebeln zu tun, sondern er hielt in der linken Hand die Zügel und in der rechten die Peitsche. Hü hott!

(aus: Erich Kästner: Emil und die Detektive.)

MITMACHEN UND NACHDENKEN

3 Vergleiche die Pferdestraßenbahn mit einem heutigen Verkehrsmittel.
Erstelle dazu eine Tabelle.

	Pferdebahn	
Fahrweg		
Antrieb		
Geschwindigkeit		
Bequemlichkeit		

4 Stelle 10 Fragen zusammen und befrage Erwachsene: Als du Kind warst, gab es da schon Computer, Handy, Elektroautos ... ?
Berichte über die Ergebnisse in der Klasse.

S. 8/9

Arbeit in der Landwirtschaft – früher und heute

Früher waren viele Bauernhöfe Familienbetriebe. Alle aus der Familie mussten mithelfen, auch die Kinder und die Älteren. Die Arbeit auf dem Feld und im Stall war oft körperlich schwer, denn es gab nur einfache landwirtschaftliche Geräte. So sah der Arbeitstag eines Bauern aus:

Am frühen Morgen:

Tagsüber, je nach Jahreszeit:

Am Abend:

1 Vergleiche einige Arbeiten der Landwirte früher und heute.

Lebensverhältnisse verschiedener Generationen vergleichen; technische Entwicklung und Arbeitserleichterung begreifen, eine Geschichte schreiben

Erntezeit: Bei der Getreideernte halfen alle Dorfbewohner, auch die Kinder.

Die geschnittenen Halme band man zu Garben zusammen. Diese wurden in „Puppen“ zum Trocknen aufgestellt.

Waren die Garben getrocknet, fuhr man sie in Leiterwagen zum Bauernhof. Dort wurden sie in der Scheune gelagert.

Im Herbst wurden die Körner auf der Scheunentenne ausgedroschen, gesammelt und in Säcke geschüttet.

Heute mäht ein Mähdrescher viele Getreidehalme auf einmal ab, zieht sie ein und drischt die Körner in einer Dreschtrommel sofort aus. Im Korntank werden sie gesammelt und von dort durch ein Rohr auf einen Wagen transportiert und weggefahren. Das Stroh wird ausgeworfen, gehäckselt und auf dem Feld verteilt. Getrocknet wird es als Tierfutter oder als Streu im Stall verwendet.

Rechen zum Zusammenrechen der Halme

Sense zum Schneiden der Halme

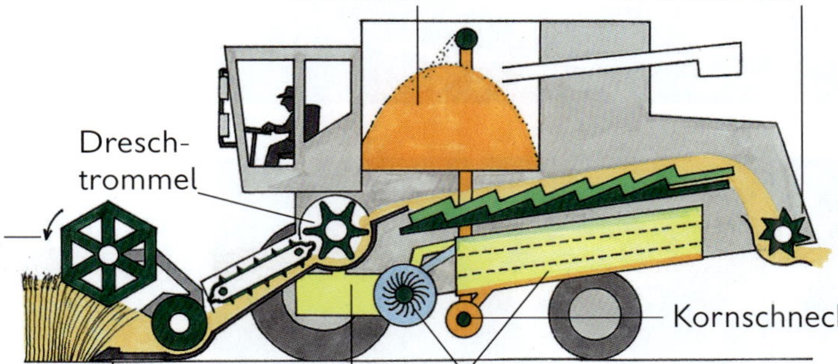

Dreschflegel zum Ausschlagen der Körner

MITMACHEN UND NACHDENKEN

2 Erkläre, wie ein moderner Mähdrescher arbeitet. Nutze auch die Abbildung.

Zeiträume wahrnehmen: Unsere Zeiteinteilung

1 Lest die Tabelle zu unseren Zeiteinheiten. Stellt euch gegenseitig Fragen zum Umrechnen, zum Beispiel: Wie viele Minuten haben drei Stunden?

Tabelle der Zeiteinheiten

Einheit	Umrechnungsbeispiele
1 Jahr	1 Jahr hat 365 oder 366 Tage. 1 Jahr hat 12 Monate. 1 Jahr hat 52 Wochen.
1 Monat	1 Monat hat 28 bis 31 Tage.
1 Tag (d)	1 Tag hat 24 Stunden.
1 Stunde (h)	1 Stunde hat 60 Minuten.
1 Minute (min)	1 Minute hat 60 Sekunden.
1 Sekunde (s)	60 Sekunden sind 1 Minute.

LEICHTER LERNEN

Umrechnen üben
- Umrechnen erfordert einige Übung.
- Am besten, ihr löst die erste Aufgabe mehrmals.
- Deckt die Lösungen ab und vergleicht anschließend.

Sicher habt ihr euch schon einmal gefragt, warum es verschiedene Zeiteinteilungen gibt. Hier ist die Antwort:
Über lange Zeiträume wurden die Bewegungen der Himmelskörper Erde, Mond und Sonne beobachtet. Das führte zur Festlegung der Zeiteinheiten Jahr, Monat und Tag.

Ein Jahr

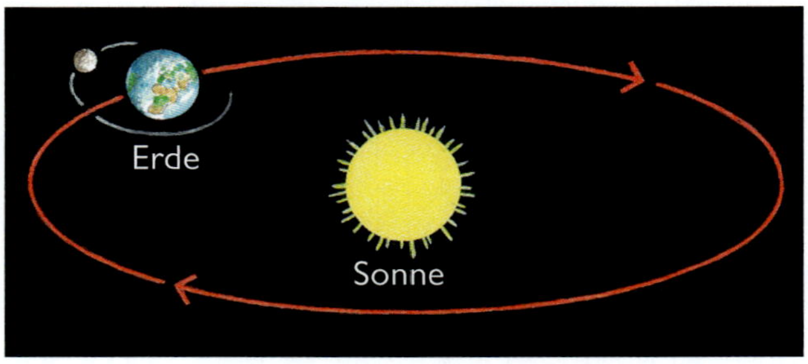

Ein Jahr ist die Zeit, in der die Erde einmal die Sonne umkreist. Ein Jahr ist etwa 365 Tage und sechs Stunden lang.

Ein Monat

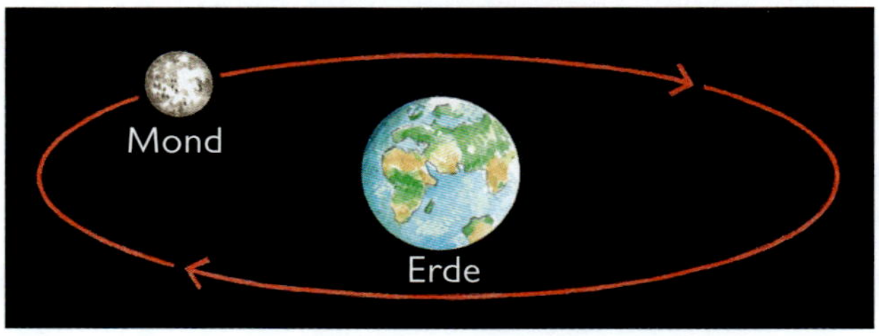

Ein Monat ist etwa die Zeit, in der sich der Mond einmal um die Erde bewegt. Der Mond umkreist die Erde etwa 12,4-mal im Jahr.

Ein Tag

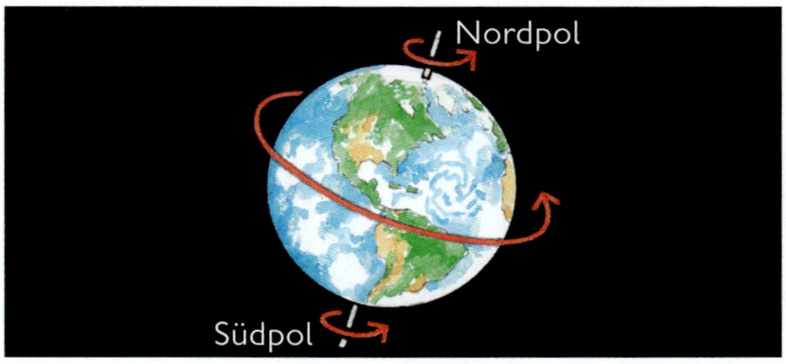

Ein Tag ist die Zeit, in der sich die Erde einmal um sich selbst dreht. Das dauert rund 24 Stunden.

Kulturell bedingte Zeiteinteilung in Bezug auf Sekunde, Minute, Stunde, Tag und Woche erfassen; Jahr als Resultat der Bewegung der Erde und die Sonne beschreiben

Spannendes zur Zeiteinteilung

Warum hat eine Stunde 60 Minuten und eine Minute 60 Sekunden?

Schon vor vielen tausend Jahren, noch lange vor den Römern, hatten die **Babylonier** ein gutes Rechensystem entwickelt. Sie rechneten nicht wie wir heute in Schritten von 10, sondern von 60. Das hat sich für die Zeiteinteilung bis heute erhalten.

Warum hat die Woche in fast allen Ländern sieben Tage?

In der Bibel gilt die 7 als eine heilige Zahl. Vielleicht teilte man deshalb die Woche in sieben Tage ein.
Auch dauerte ein Mondmonat etwa 28 Tage. Das lässt sich gut in viermal sieben Tage teilen.

Die Römer gaben den sieben Tagen der Woche die Namen von Himmelskörpern: Sonne, Mond, Mars, Merkur, Jupiter, Venus und Saturn.
Einige Himmelskörper trugen Namen von Göttern, die von den Menschen vor langer Zeit verehrt wurden. Diese Namen haben später andere Völker Europas geändert oder abgewandelt.

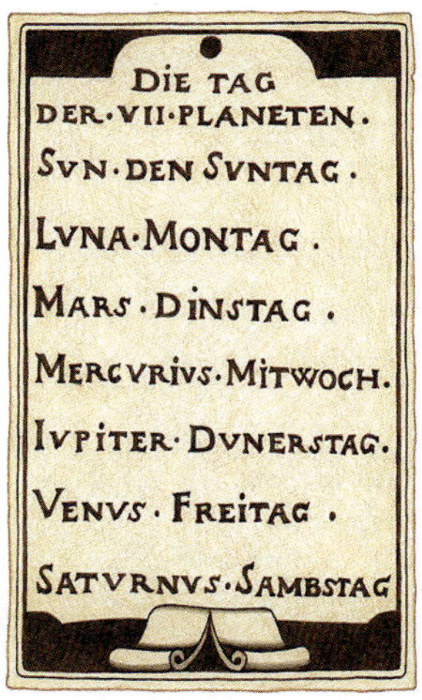
DIE TAG
DER·VII·PLANETEN·
SVN·DEN SVNTAG·
LVNA·MONTAG·
MARS·DINSTAG·
MERCVRIVS·MITWOCH·
IVPITER·DVNERSTAG·
VENVS·FREITAG·
SATVRNVS·SAMBSTAG

MITMACHEN UND NACHDENKEN

2 Wie viele Minuten hat eine Unterrichtsstunde in deiner Schule?

3 Was bedeuten die Abkürzungen **d** für Tag und **h** für Stunde?

4 Informiere dich im Internet, warum es Schaltjahre gibt.
Lies im Internet unter www.fragFINN.de nach.

INTERESSANT

Die römischen Götternamen für die Himmelskörper wurden teilweise durch nordische Götternamen wie Tiu, Donar oder Freya ersetzt. Daher sind die Namen einiger Tage im Deutschen wie im Englischen von diesen Götternamen abgeleitet.

Sonne/Sunna:
Sonntag – Sunday

Mond:
Montag – Monday

Mars/Tiu:
Dienstag – Tuesday

Merkur/Wotan:
Mittwoch – Wednesday

Jupiter/Donar:
Donnerstag – Thursday

Venus/Freya:
Freitag – Friday

Saturn:
Samstag – Saturday

Zeitverläufe darstellen

1 Wähle Aufgaben aus. Forsche nach.

1 Lebensabschnitte

Hier siehst du einen Menschen in verschiedenen Altersstufen. Überlege: Wie alt könnte die abgebildete Person jeweils sein? Wie stellst du dir wichtige Abschnitte deines Lebens vor? Zeichne ein Bild.

2 Ein Zeitband herstellen

- Fülle einen Monat lang ein Zeitglas.
- Schreibe Zettel mit diesen Angaben: Tag – Datum – schönes Erlebnis.
- Stecke die Zettel in das Glas.
- Sortiere die Zettel am Endes des Monats nach dem Datum.
- Klebe alle Zettel auf.

So kannst du dich gut an die schönen Erlebnisse erinnern.

3 Einen Zeitstrahl gestalten

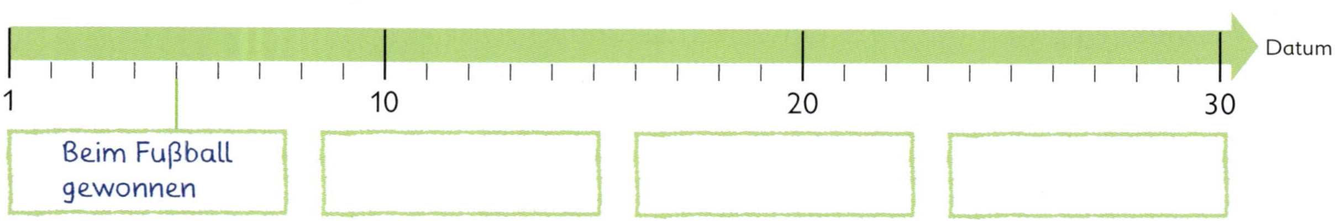

Gestalte einen Zeitstrahl für wichtige Ereignisse in diesem Monat.

Zeit erfassen, auch in Bezug auf unterschiedliche Lebensalter des Menschen; über Lebenszeit reflektieren

S. 2/3

Frühling am Gewässer

Wer lebt im und am Gewässer?

Das Foto beschreiben;
Zusammenhänge zwischen der Frage und der unteren Abbildung herstellen

Am Wasser entdeckt …

1 Beobachte Tiere und Pflanzen an und auf einem Gewässer.

1 Weiden brauchen zum Leben viel Wasser. Ihre Wurzeln wachsen schnell und sind dicht verzweigt. So finden die Bäume Halt im Boden und befestigen zugleich das Ufer. Weiden blühen im April/ Mai.

2 Das Schilfrohr wächst im flachen Wasser. Mit seinen dicken Wurzelstöcken ist es fest im Boden verankert und treibt bis zu 4 Meter hohe Stängel empor. Im Röhricht nisten viele Vögel, wie zum Beispiel der Rohrsänger 3.

4 Der Hecht ist ein Raubfisch. Zwischen den Pflanzen im Uferbereich lauert er auf Beute: Fische, Frösche, Küken von Schwimmvögeln und Wasserratten.

Gewässer als Biotop kennenlernen; seine Bedeutung für Fortpflanzung, Schutz und Ernährung der Lebewesen am und im Gewässer kennen

LEICHTER LERNEN

Zusammenhänge finden

- Zeichne zwei ineinander verschlungene Kreise.

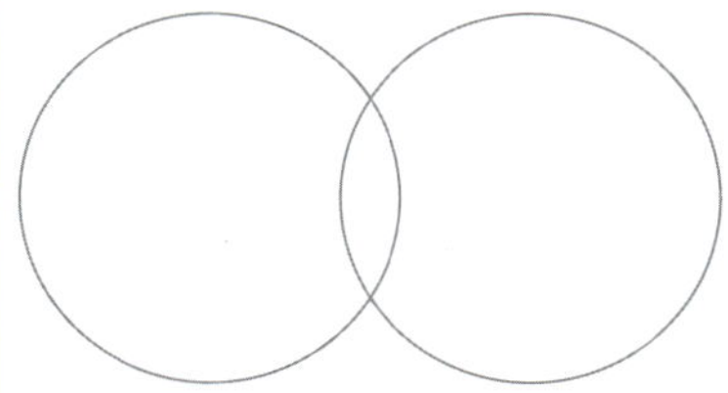

- Schreibe in Kreis 1 den Namen einer Pflanze oder eines Tieres aus der Abbildung.
- Überlege: Warum lebt diese Pflanze oder dieses Tier am oder im Wasser?
- Notiere dazu im Kreis 2 Stichpunkte.

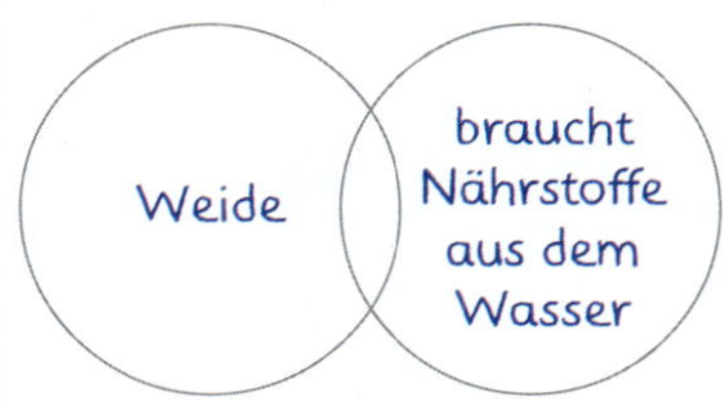

5 Die Weiße Seerose hat an langen Stielen Blätter, die auf dem Wasser schwimmen. Ein dicker Wurzelstock verankert die Pflanze im Gewässerboden.

6 Die Wasserpest wächst vollständig unter der Wasseroberfläche. Ihre Stängel sind sehr verzweigt und können bis zu 3 Meter lang werden.

7 Die Rotfeder ist ein Friedfisch. Das bedeutet, er jagt keine anderen Fische. Er ernährt sich vor allem von Wasserpflanzen, aber auch von Insekten.

AH S. 38/39 S. 2/3, S. 14/15

Gute Schwimmer: Seerose und Wasserfrosch

1 Wie ist die Seerose an das Leben im Wasser angepasst?

Die Seerose hat ihren Lebensraum in stehenden oder langsam fließenden Gewässern: Teiche, ruhige Buchten eines Sees oder langsam fließende Nebenflüsse. Die Wildpflanze steht in Deutschland unter Naturschutz. Sie ist sehr gut an das Leben im Wasser angepasst.

Die großen Blüten der Seerose erscheinen im Mai. Sie öffnen sich bei Sonnenschein und schließen sich nachts und bei trübem Wetter. So ist der Blütenstaub vor Kälte und Tau geschützt. Seerosen bilden kugelige Früchte, die im Wasser heranreifen und dann platzen. Die schwimmenden Samen werden vom Wasser fortgetragen und keimen nach ein bis zwei Jahren. Seerosen leben gern im schlammigen Boden in einer Wassertiefe von 1,5 Meter.

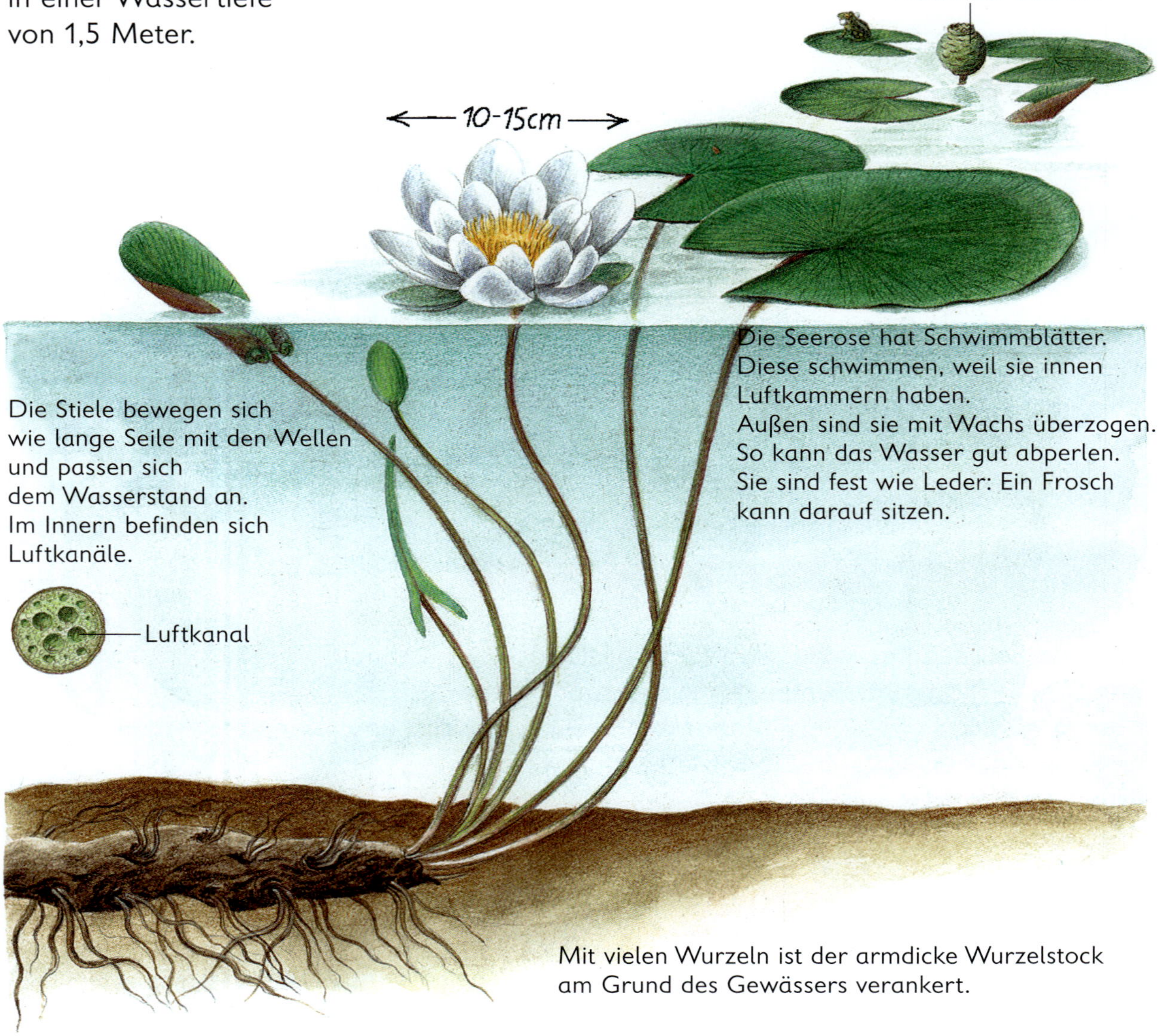

Grundlegende Eigenschaften, Entwicklungs- und Lebensbedingungen einer Pflanze im Lebensraum Gewässer erfassen und beschreiben; Angepasstheit an den Lebensraum erkennen

Zur Fortpflanzung brauchen Frösche Gewässer. Dort legen die Weibchen die Eier direkt im Wasser ab. Aus den Eiern schlüpfen Kaulquappen, die im Wasser leben und durch Kiemen atmen. In den nächsten zwei bis drei Monaten entwickeln sich die Kaulquappen zu Jungfröschen mit Beinen und Lungenatmung. Mit den Lungen können die Frösche an Land atmen. Erwachsene Frösche atmen im Wasser über ihre Haut. Frösche können mit ihren langen Hinterbeinen sehr gut und weit springen. Im Wasser helfen die Schwimmhäute an den Hinterbeinen beim Schwimmen.

Entwicklung eines Wasserfrosches

Frösche fangen mit ihrer Zunge Fliegen, Mücken, Libellen und anderes Kleingetier.

1 Froschlaich 2 Kaulquappe 3 Kaulquappe mit Schwanz und Hinterbeinen
4 Kaulquappe mit Vorderbeinen 5 Jungfrosch 6 Ausgewachsener Frosch

MITMACHEN UND NACHDENKEN

2 Beschreibe die Entwicklung eines Wasserfrosches.

3 Sammelt Bilder von Tieren, die im oder am Wasser leben.
Legt ein Themenheft zu einem Tier an.

LEICHTER LERNEN

Informationen mit eigenen Worten wiedergeben

- Lies den Text mehrmals.
- Teile ihn in kleine Abschnitte ein.
- Schreibe zu jedem Abschnitt wichtige Wörter auf.
- Nutze die Wörter, um den Text nachzuzählen.

Gewässer – Nutzen und Gefahren

1 Beschreibe die Bilder.

Wasser verändert Landschaften

Wasser kann sich in eine Landschaft eingraben.

Wasser kann das Aussehen einer **Küste** verändern.

Wasser transportiert Geröll, Kies und Sand.

Hochwasser kann weite Landstriche überfluten und Zerstörung anrichten.

Menschen verändern Gewässer

Sie entwässern Feuchtgebiete und Moore.

Sie begradigen Flüsse, vertiefen und stauen sie.

Sie bauen Dämme und Deiche.

Sie bauen **Talsperren**.

Begreifen, dass sich Gewässer verändern lassen; sich mit Gefährdungen eines Biotops auseinandersetzen: Trockenlegung von Mooren, Vertiefen eines Flussbettes, Bau von Dämmen …

Flüsse verändern ihr Gesicht

Ein natürlich fließender Fluss

Ein begradigter Fluss

Natürliche Bäche und Flüsse fließen nicht gleichmäßig oder in einer geraden Richtung. Oft schlängeln sie sich durch ein Gebiet, verzweigen sich und bilden Sandbänke.

Häufig haben Menschen Flüsse verändert oder verändern sie noch heute: Mit Wehren (Staumauern) wird das Wasser gestaut, Flussufer werden begradigt und an Flussschleifen wird Wasser mit Dämmen abgeriegelt. So will man neue Flächen für die Landwirtschaft, den Straßenbau oder für Gebäude gewinnen, aber auch die Schifffahrt ermöglichen. Durch diese Eingriffe in die Flussläufe geht jedoch der Lebensraum für Pflanzen und Tiere verloren. Deshalb werden heute viele Gewässer renaturiert. Das bedeutet: Es wird versucht, das ursprüngliche Flussbett wiederherzustellen und naturnahe Lebensräume zu schaffen.

INTERESSANT

Jahrhundertelang bauten die Menschen die Havel für die Schifffahrt aus. Sie errichteten Schleusen und befestigten die Ufer mit dicken Steinen. Seit 2005 wird der untere Teil der Havel renaturiert. Zum Beispiel werden Uferbefestigungen entfernt und alte Flussarme geöffnet. Dabei entsteht eines der größten Feuchtgebiete in Mitteleuropa. Es soll bessere Lebensbedingungen für über 1000 bedrohte Pflanzen- und Tierarten schaffen.

Flussufer mit Biberburg

MITMACHEN UND NACHDENKEN

2 Menschen versuchen, das Wasser zu lenken. Auf Seite 86 siehst du vier Beispiele. Warum werden diese Maßnahmen getroffen? Informiere dich.

3 Gibt es bei euch einen Bach oder Fluss? Informiert euch oder schaut vor Ort nach: Fließt er natürlich? Wurde er begradigt oder renaturiert?

Leben im und am Wasser

Wähle Aufgaben aus. Forsche nach.

1 Pflanzen und Tiere fotografieren

Beachte:

- Schau genau hin.
- Habe Geduld.
- Knicke keine Pflanzen ab.
- Sei in der Umgebung von Tieren leise.
- Störe keine Vögel beim Brüten.

Wann findest du die besten Pflanzen- und Tiermotive?

2 Wasserpflanze im Glas

- Fülle in ein großes Weckglas etwas Aquariensand und kleine Kieselsteine.
- Stecke einen Stängel „Wasserpest“ in den Boden. Das ist eine bekannte Pflanze für Aquarien.
- Fülle Wasser auf.
- Stelle das Glas ins Licht, aber nicht in die Sonne.
- Beobachte.

3 Froschentwicklung

Wenn du die sechs Bilder in die richtige Reihenfolge bringst, kannst du den Satz lesen.

Gewässer als Lebensraum für Pflanzen und Tiere fotografieren; eine Wasserpflanze beobachten; ein Rätsel lösen

Der Natur auf der Spur

Wie funktioniert ein Fadentelefon?

Das Foto beschreiben;
Zusammenhänge zwischen der Frage und der unteren Abbildung herstellen

Schall breitet sich aus

Mit deiner Stimme, mit Instrumenten oder anderen Gegenständen kannst du Töne, Klänge und Geräusche, sogar einen Knall erzeugen. Das nennt man auch Schall.

Schall ist schnell: Er breitet sich mit fast 340 Metern pro Sekunde aus.

Schallausbreitung

1 Betrachte die Abbildung. Versuche sie mithilfe des Textes zu erklären.

Musikinstrumente erzeugen Schall

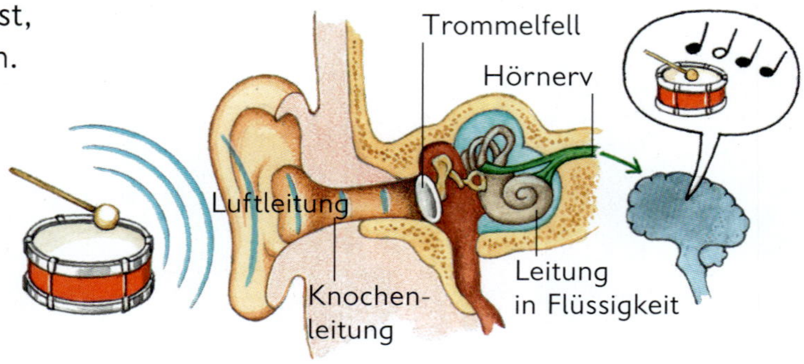

Wenn du auf eine Trommel schlägst, dann beginnt das Fell zu schwingen. Die Schwingungen werden als Schall über die Luft bis zu unserem Ohr übertragen und treffen dort auf das Trommelfell. Das Trommelfell ist eine dünne **Membran**. Sie gerät durch den Schall in Schwingungen. Auch Knochen und Flüssigkeit im Ohr übertragen den Schall weiter. Signale werden an das Gehirn gesendet und dort ausgewertet. Du hörst die Klänge und Geräusche.

Schall in unterschiedlicher Stärke wirkt sich auf unsere Gesundheit aus.

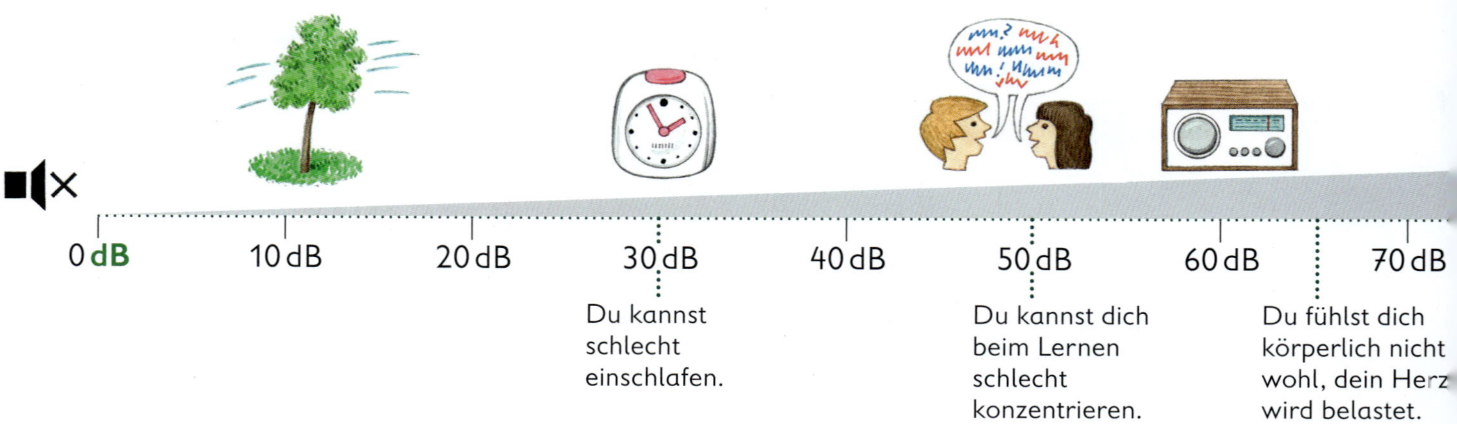

Mithilfe der bildlichen Darstellung angenehme und unangenehme Geräusche benennen; Schallleitung erklären und wahrnehmen: Wirkung des Schalls auf unsere Gesundheit besprechen

S. 6/7

Was ist Lärm?

Sehr laute Geräusche sind Lärm. Lärm ist störend, belästigt uns, ist unangenehm und kann sogar wehtun. Es gibt einen Spruch, der sagt: „Lärm geht unter die Haut.“ Damit ist gemeint, dass wir Menschen durch Lärm nervös werden, das Herz schneller schlägt und wir uns nicht mehr wohlfühlen. Deshalb ist es wichtig, Lärm aus dem Weg zu gehen.

Ratschläge für deine Ohren, um Hörschäden zu vermeiden:

- Mache Schulaufgaben nicht bei Musik, sondern sorge für Ruhe im Raum.
- Höre nicht stundenlang Musik mit Kopfhörern.
- Benutze beim Telefonieren abwechselnd das rechte und linke Ohr.
- Halte bei unangenehmer Lautstärke die Ohren mit den Fingern zu.

INTERESSANT

- Eine Trillerpfeife direkt am Ohr ist genauso laut wie der Start eines Flugzeugs (130 dB).
- Eine Spielzeugpistole im Abstand von 25 cm vom Ohr abgeschossen erzeugt 150 dB.
- Ein Silvesterrakete erzeugt 120 dB.

Bei zu viel Lärm können unheilbare Hörschäden auftreten.

MITMACHEN UND NACHDENKEN

2 Nennne Tätigkeiten, für die Menschen ein gutes Gehör brauchen.

3 Welche Geräusche in der Schule empfindest du als angenehm oder unangenehm? Schreibe eine Tabelle.
Diskutiert: Was könntet ihr selbst ändern, um unangenehme Geräusche zu vermeiden?

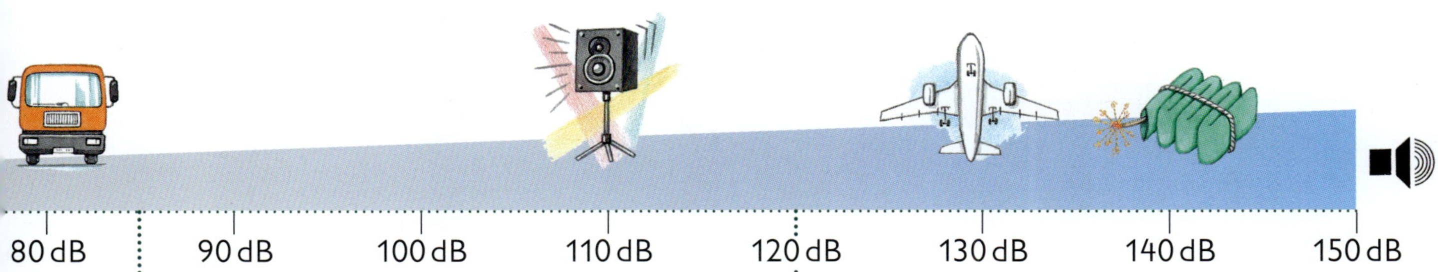

Dein Gehör kann bei Dauerlärm geschädigt werden.

Du kannst schon nach kurzer Zeit Hörschäden bekommen.

Magnete und ihre Kräfte

Magnete ziehen Gegenstände an und stoßen sie ab.
Die Menschen entdeckten magnetische Kräfte zuerst an einem schwarzen **Mineral**, dem Magneteisenstein. Er wird noch heute in vielen Lagerstätten der Erde abgebaut. Magnete können in der Industrie in einem komplizierten Schmelzverfahren hergestellt werden. Dabei werden Metallmischungen zu Dauermagneten.
Jeder Magnet hat einen Nordpol (N) und einen Südpol (S).

Magneteisenstein

1 Probiere Magnete aus und beweise die Aussagen.

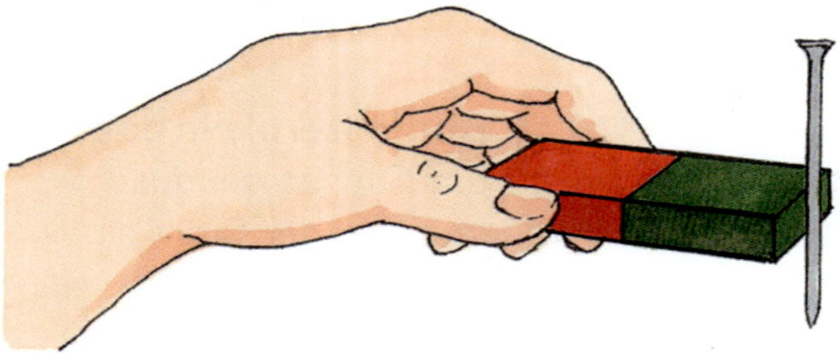

Die stärkste Anziehungskraft hat der Magnet an den Polen.

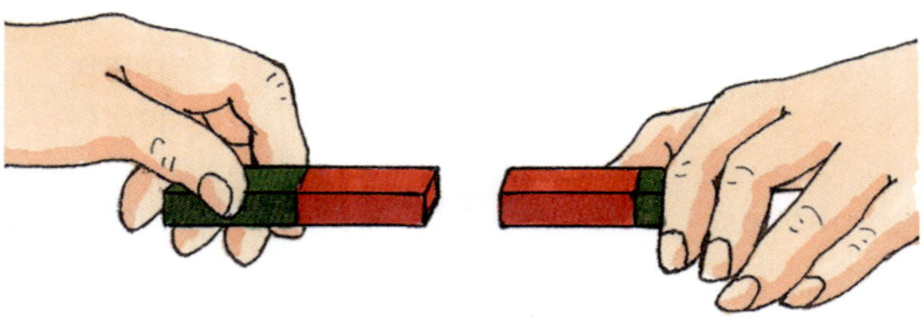

Pole mit gleichem Namen stoßen sich ab.

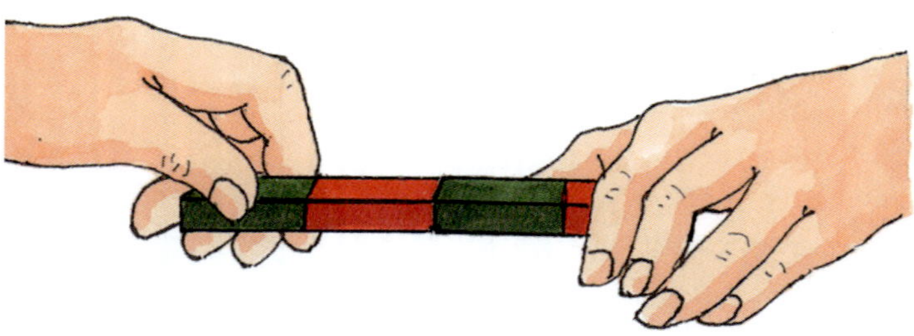

Pole mit verschiedenen Namen ziehen sich an.

INTERESSANT

Magnete haben verschiedene Formen.

Scheibenmagnet

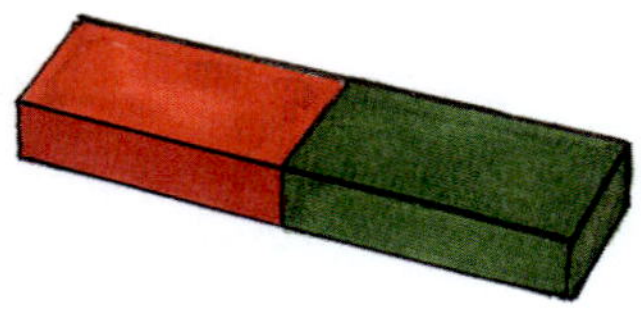

Stabmagnet

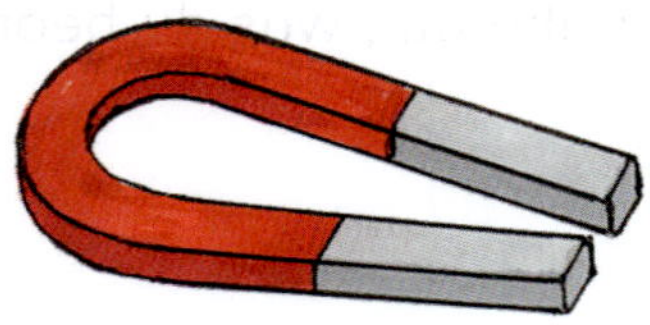

Hufeisenmagnet
(gebogener Stabmagnet)

Es werden nur Stoffe angezogen, die Eisen, Kobalt oder Nickel enthalten.
Welche Geldstücke werden angezogen?

Magnete kennenlernen; Wirkung beobachten: anziehen, abstoßen;
Geldstücke hinsichtlich Magnetismus untersuchen

Das wohl bekannteste Beispiel für die Magnetkraft ist der **Kompass**.
Seit Jahrhunderten ist er eine unersetzbare Hilfe für die Orientierung. Mit ihm kann man überall die Himmelsrichtungen bestimmen: auf dem Land, in der Luft, auf dem Meer und sogar unter Wasser.

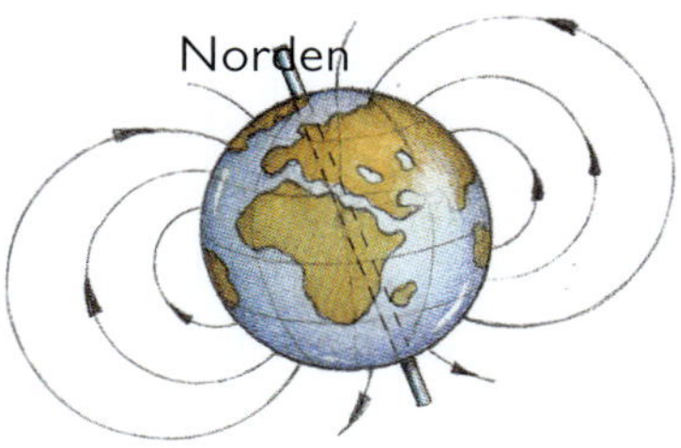

Die Erde wirkt wie ein großer Magnet. Um sich herum hat sie ein unsichtbares „Feld" von magnetischen Linien. Die Magnetnadel in einem Kompass richtet sich entsprechend der Feldlinien der Erde aus. Sie zeigt also immer nach Norden.

INTERESSANT

Dieser Kompass ist alt. Das Bauprinzip gilt heute noch: Die Nadel ist magnetisch. Sie zeigt immer nach Norden.

Wie ein Nagel nach Norden zeigen kann

EXPERIMENT

Du brauchst:
- einen Teller mit Wasser
- eine Korkscheibe
- einen Magneten
- einen Nagel

Gehe so vor:

Stich den Nagel vorsichtig durch die Korkscheibe.

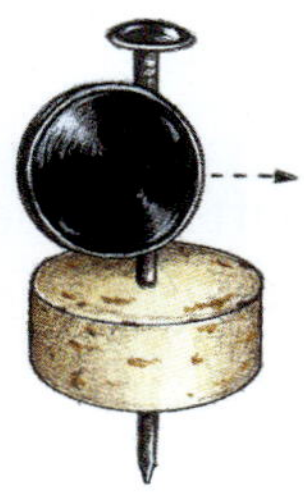

Berühre mit dem Magneten den Nagel.
Der Nagel ist nun magnetisieren.

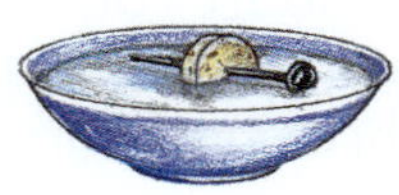

Setze die Korkscheibe mit dem Nagel vorsichtig auf das Wasser.

Schreibe auf, was du beobachtest.

MITMACHEN UND NACHDENKEN

2 Wie kannst du einen Eisennagel magnetisieren? Schreibe oder zeichne auf.

3 Wo werden Magnete verwendet? Finde Beispiele.

Von Spiegelbildern und optischen Täuschungen

Wenn du vor einem Spiegel stehst, siehst du dich spiegelverkehrt.
Um das Bild in einem Spiegel besser zu verstehen, könnt ihr einmal der Spiegel einer anderen Person sein.

1. Stellt euch gegenüber. und schaut euch an.
2. Das Kind in den Bildern 2 + 4 ist der Spiegel und macht die Bewegungen des anderen Kindes nach.
3. Fragt nach: Mit welcher Hand, welchem Bein, welchem Auge … hat das Kind vor dem Spiegel (Bild 1 + 3) und das Kind im Spiegel (Bild 2 + 4) die Bewegungen gemacht.

1 Suche dir ein Kind und probiere es aus.

So passiert das auch mit Schrift im Spiegel. Der Spiegel zeigt sie uns spiegelverkehrt. Die Schrift läuft von rechts nach links.

Spiegelschrift an Fahrzeugen kann der Fahrer des vorausfahrenden Fahrzeugs im Rückspiegel lesen.

Leonardo da Vinci, ein Künstler und Erfinder, schrieb viele seiner Texte in Spiegelschrift.

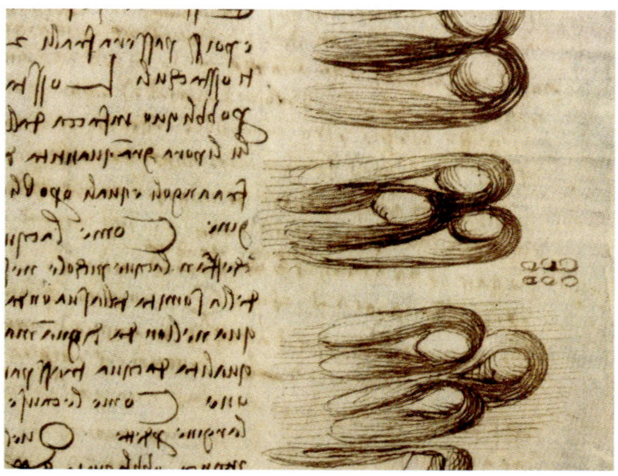

Original und Spiegelbild vergleichen, Erklärung für Spiegelung an Spiegeln in Ansätzen verstehen; Geheimschrift schreiben

Nicht alles ist so, wie es auf den ersten Blick aussieht.

Farbkreisel herstellen EXPERIMENT

- Stellt einen Farbkreisel her.
- Bringt ihn in eine schnelle Drehbewegung.
- Was könnt ihr sehen?
- Welche Erklärung habt ihr dafür?
- Probiert auch andere Farbzusammenstellungen aus.

Wenn sich der Farbkreisel schnell dreht, können unsere Augen die Farben nicht mehr voneinander trennen: Der Kreisel mit den Regenbogenfarben erscheint weiß.

Manchmal täuschen uns auch Formen.

Was siehst du?

Sind die Säulen schief?

Ein seltsames Dreieck: Wo ist der Trick?

Wir sehen das, was am wahrscheinlichsten ist – auch wenn es gar nicht da ist: ein Dreieck.

MITMACHEN UND NACHDENKEN

2 Es gibt Spiegel in verschiedenen Formen und mit unterschiedlichen Eigenschaften. Besprecht, wo ihr Spiegel schon gesehen habt und wofür sie verwendet wurden.

3 Informiere dich im Internet über optische Täuschungen. Nutze: www.fragFINN.de

Wie geht denn das?

1 Wähle Aufgaben aus. Forsche nach.

1 Schallwellen sichtbar machen

EXPERIMENT

Du brauchst:

- Tamburin
- Schlegel
- Schüssel
- Klarsichtfolie
- Gummiband
- Salz oder Reis

Gehe so vor:

- Spanne die Klarsichtfolie über die Schüssel. Befestige sie mit Gummiband.
- Lege einige Salz- oder Reiskörner auf die Folie.
- Schlage in der Nähe mit dem Schlegel auf ein Tamburin. Beobachte.

2 Ein Loch in der Hand

EXPERIMENT

Rolle ein Zeichenblatt längs zusammen.
Halte deine linke Hand vorn seitlich an die Röhre.
Sieh mit dem rechten Auge durch die Röhre.
Schau mit dem linken Auge auf deine Hand.
Plötzlich siehst du …

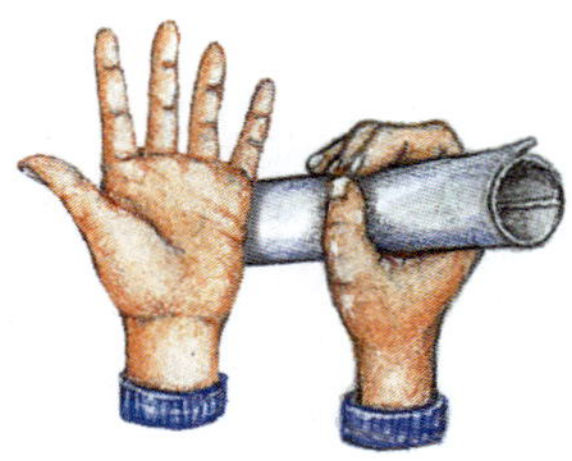

3 Spiegelschrift als Geheimschrift

EXPERIMENT

Du brauchst:

- ein liniertes Blatt Papier
- einen Schreibstift
- einen Handspiegel

Gehe so vor:

Stelle den Handspiegel über dein Blatt Papier. So kannst du sehen, was du schreibst.
Übe, das Alphabet in Spiegelschrift in großen Druckbuchstaben zu schreiben.

Schau nach jedem Buchstaben in den Spiegel, um zu prüfen, ob du den Buchstaben richtig in Spiegelschrift geschrieben hast. Dann kannst du Wörter und kurze Sätze üben.

Wirst du immer besser, dann kann auch der Spiegel wegbleiben.

Versuche zu Schall, Optik und Akustik durchführen; Schreiben eines Protokolls üben; Ergebnisse diskutieren

Im Sommer

Woher kommt unser Trinkwasser?

Das Foto beschreiben;
Zusammenhänge zwischen der Frage und der unteren Abbildung herstellen

Wasser bei uns und anderswo

1 Findet zu den Texten und Bildern passende Überschriften.

In Deutschland sind alle Haushalte mit sauberem Wasser versorgt. Das Leitungssystem umfasst über 400 000 km Leitungen. Es würde fast zehnmal um die Erde reichen. Etwa 6 000 Unternehmen gewinnen Wasser aus Grundwasser, Quellwasser und Oberflächenwasser. Sie säubern, speichern und verteilen es. Trinkwasser wird streng auf schädliche Stoffe kontrolliert.

Haushalte in reichen Ländern der Welt sind an ein Netz angeschlossen, das sie mit Wasser versorgt. Ein zweites Netz transportiert gebrauchtes Wasser ab (zum Beispiel Spül- oder Duschwasser). Diese Haushalte verbrauchen etwa zehnmal so viel Wasser wie Haushalte in armen Ländern. Mindestens 50 Liter sauberes Wasser pro Tag braucht ein Mensch zum Trinken, zum Kochen und zum Sauberhalten. Dann können Menschen gesund und leistungsfähig bleiben. Aber vielen Menschen in der Welt fehlt diese Menge an sauberem Wasser.

Wasserverbrauch einer Person am Tag in Deutschland im Jahr 2016: 12 Eimer

So viel Wasser stand einer Person am Tag in Benin (Westafrika) im Jahr 2016 zur Verfügung.

1 Eimer: 10 Liter Wasser

Wasser als Ressource beschreiben; knapper werdende Wasservorräte und erschwerten Zugang zu sauberem Trinkwasser in großen Teilen der Erde besprechen

Trinkwasserversorgung in Afrika

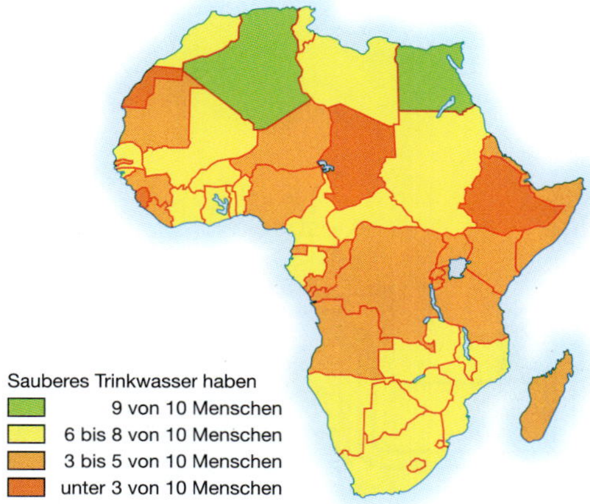

Für das Mädchen Xetsa aus Benin ist Wasser etwas Kostbares.
In ihrem Dorf gibt es jetzt einen Brunnen.
Früher lief sie täglich fünf Kilometer zur Wasserstelle. Das braune Wasser roch faulig, oft wurde davon jemand krank.
Nun erhält jeder im Dorf klares und sauberes Wasser.
Xetsa hat viel mehr Zeit.
Sie kann nun die Schule besuchen.
Die Familien bauen Hirse und Gemüse an.
Niemand im Dorf muss mehr hungern.

INTERESSANT

Wasser und Land auf der Erde

Salzwasser und Süßwasser auf der Erde

Süßwasser auf der Erde

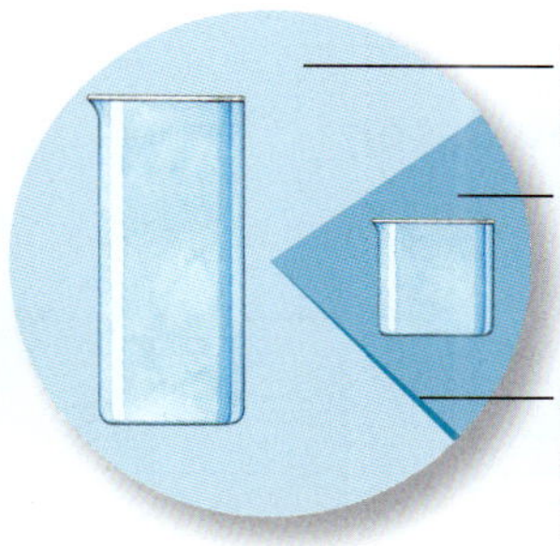

MITMACHEN UND NACHDENKEN

2 Suche das Land Benin im Atlas.

3 Wertet die Übersicht „Trinkwasserversorgung in Afrika“ aus.

4 Fertigt zum Thema einen Wandfries an. Sucht Texte und Bilder oder malt und schreibt.

Trinkwasser und Abwasser

1 Erkläre mit Hilfe der Abbildungen die Gewinnung von Trinkwasser oder die Reinigung von Abwasser.
Wähle das entsprechende Schema aus.

Gewinnung des Trinkwassers aus Grundwasser

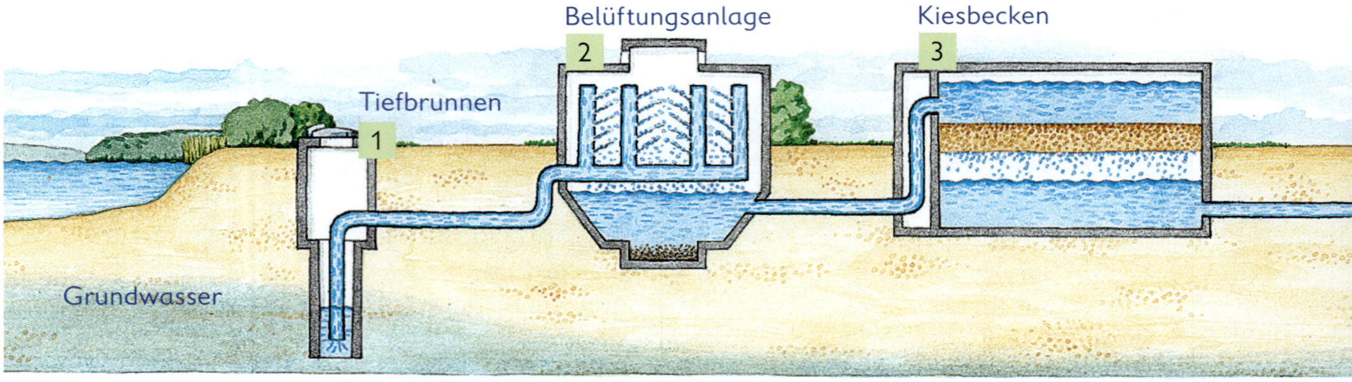

1 Grundwasser wird in Tiefbrunnen gesammelt und mit Pumpen nach oben befördert.

2 Im Wasserwerk wird das Wasser belüftet. Dabei verbinden sich schädliche Stoffe zu Flocken.

3 Das Wasser läuft zur Reinigung durch Kiesschichten. Dort werden die Flocken aufgefangen.

Reinigung von Abwasser

1 Abwasser aus den Gebäuden fließt durch Abwasserrohre und Regenwasser von den Straßen durch Gullys in die Kanalisation.

2 Unter den Straßen werden die Abwässer in der Kanalisation gesammelt und in ein Klärwerk geleitet.

3 An einem **Rechen** bleiben zuerst Holz, Papier und grobe Teile hängen. Danach setzt sich Sand ab. Hier werden auch Fette von der Oberfläche abgesaugt.

Eine Exkursion in ein Wasserwerk anregen; Einblick gewinnen in eine technologisches Verfahren der Wasserwirtschaft – Trink- oder Abwasserversorgung

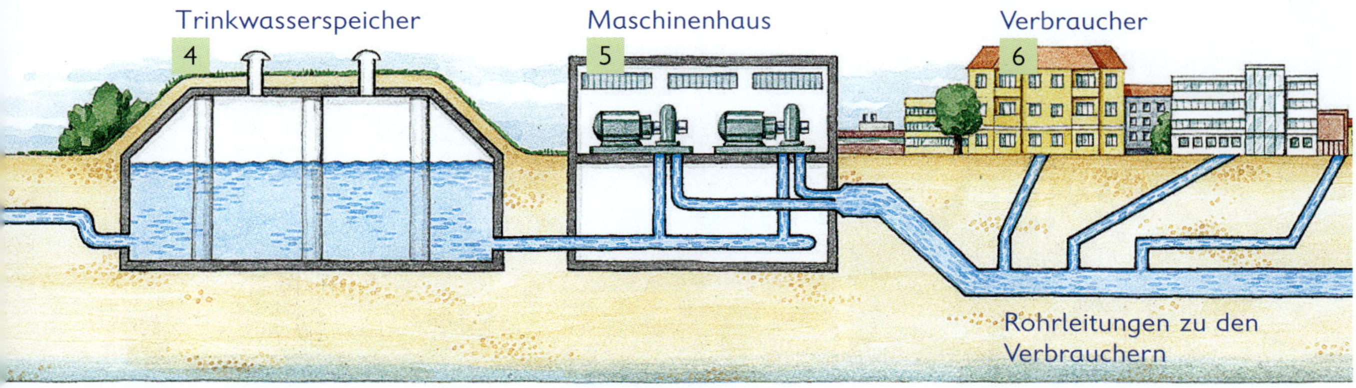

4 Sauberes Trinkwasser wird in Reinigungsbehältern gespeichert und bei Bedarf abgegeben.

5 Trinkwasserpumpen pumpen das Wasser durch Rohrleitungen zu den Verbrauchern.

6 Die Verbraucher müssen das Trinkwasser bezahlen. Wasseruhren zählen den Wasserverbrauch in jeder Wohnung.

4 In einem Belüftungsbecken werden dem Wasser viel Sauerstoff und Bakterien zugesetzt. Die Bakterien „fressen" die restlichen Schmutzteilchen.

5 Im Nachklärbecken sinkt der Schlamm mit den Bakterien zu Boden. Der Schlamm mit den Bakterien fließt wieder in das Belüftungsbecken.

6 Nun ist das Wasser so sauber, dass es wieder in Seen oder Flüsse eingelassen werden kann.

Nutztiere halten – aber wie?

In der Massentierhaltung werden viele Schweine auf kleinem Raum gehalten. So kann man zahlreiche Menschen in kurzer Zeit mit viel Fleisch versorgen.

1 Vergleicht die Massentierhaltung mit der ökologischen Tierhaltung.

Vorteile der Massentierhaltung

- Die Schweine werden in großen Stallanlagen gehalten und teilweise vollautomatisch gefüttert. Sie bekommen spezielles, in Fabriken hergestelltes Futter.
- Zur Versorgung der Tiere braucht man nur wenige Arbeitskräfte. So wird sehr viel Fleisch produziert, und die Fleischpreise bleiben niedrig.

Nachteile der Massentierhaltung

- Viele Menschen kritisieren, dass die Tiere nicht **artgerecht** gehalten werden.
- Die Tiere erhalten gegen Krankheiten Medikamente. Einige davon bleiben im Fleisch. Wer das Fleisch isst, nimmt sie in seinen Körper auf. Werden wir aber selbst krank und benötigen Medikamente, wirken diese oft nicht mehr: Unser Körper ist an sie gewöhnt.

Unterschiedliche Haltung von Nutztieren und ihre Auswirkung auf die Tiere beschreiben; Maßnahmen verantwortungsvoller Haltung und Pflege der Nutztiere reflektieren

Biobauern müssen die Tiere artgerecht halten.
Die Haltung darf außerdem nicht der Umwelt schaden.
Das nennt man: ökologische Tierhaltung.

Vorteile der ökologischen Tierhaltung

- Die Nutztiere werden artgerecht gehalten.
- Die Erzeugnisse sind unverwechselbar: Käufer erkennen Bioware an ihrem Gütesiegel, an genauen Herkunftsangaben und an Markenzeichen.
- Die Erzeugnisse haben eine sehr gute Qualität.

Nachteile der ökologischen Tierhaltung

- Es wird nur eine geringe Anzahl von Tieren gehalten. Dadurch entstehen hohe Kosten für Futter, Stallbau und Haltung.
- Die Erzeuger müssen sich streng an Regeln halten. Das kostet mehr Zeit, Arbeitskraft und Geld.
- Verbraucher zahlen für die Erzeugnisse höhere Preise.

AH S.50/51

Weißt du es?

1 Wähle eine Aufgabe aus. Forsche nach.

1 Trinkwasserverbrauch

Werte die Grafik aus.

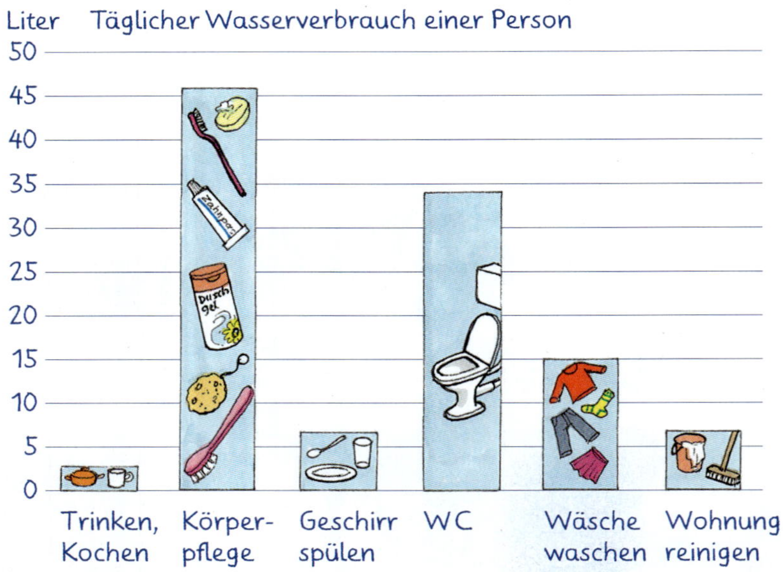

2 Bilderrätsel

Löse und deute das Rätsel.

3 Schwein gehabt

Forscht nach Redewendungen rund ums Schwein. Schreibt sie auf. Zeichnet dazu und gestaltet eine Wäscheleinen-Ausstellung.

4 Schwein bringt Glück

Warum wird Silvester oft ein Glücksschwein verschenkt?

Medien nutzen

Wie kann ich verantwortungsvoll mit Medien umgehen?

Lesen, Lernen, Spielen, Reden, Spaß haben

Das Foto beschreiben;
Zusammenhänge zwischen der Frage und der unteren Abbildung herstellen

Medien beurteilen

1 Bildet Gruppen, die jeweils als **Jury** arbeiten. Jede Gruppe wählt ein Medium für Kinder von früher und von heute aus. Beurteilt es. Sammelt eure Ergebnisse in einer Tabelle.

Ein Medium beurteilen		
Name des Mediums	Das erwarten wir von dem Medium	Das haben wir geprüft und festgestellt
Comic		
Web-Seite		

LEICHTER LERNEN

Checklisten

- Wer ein Medium beurteilen will, braucht eine Checkliste, in der aufgeschrieben steht, wonach beurteilt werden soll.
- Ihr legt zum Beispiel fest, was ihr vom Medium erwartet: Es soll:
  unterhalten – Spaß bringen – interessant sein – gut informieren – gut gestaltet sein.

Checklisten sparen Zeit bei der Arbeit, sind immer wieder zu verwenden und du lernst, deine Gedanken zu ordnen.

Ich packe meinen Koffer nach einer Checkliste.

Medien ansehen, anhören usw. und hinsichtlich verschiedener Kriterien beurteilen; Bedeutung einer Checkliste erkennen

Jährlich findet in Gera und Erfurt ein großes Ereignis statt. Es heißt „Deutsches Kinder-Medien-Festival Goldener Spatz“. Dazu werden Filme und Fernsehsendungen für Kinder eingereicht und je eine Woche lang gezeigt. Eine **Jury** mit Kindern im Alter von 9 bis 13 Jahren aus Deutschland und anderen Ländern und eine Jury von Fachleuten bewerten alles und vergeben Preise. Für die besten Kinofilme und Fernsehsendungen wird der Preis „Goldener Spatz“ vergeben. Preise erhalten auch das beste Drehbuch, die besten Darsteller und die beste Musik. Ausgezeichnet werden ebenso Filme, die Kinder produziert haben, die besten Webseiten über Kinderfilme sowie das beste Onlinespiel.

Mit welchen Begründungen werden Preise vergeben?

INTERESSANT

Checkliste Film

Die Geschichte ist
- mitreißend und glaubwürdig,
- zum Weinen und zum Lachen,

- etwas Besonderes,
- nachdenklich, aber auch komisch,
- außergewöhnlich,
- beeindruckend.

- Die Geschichten in kurzen Filmen machen Spaß.
- Man lernt etwas daraus.

MITMACHEN UND NACHDENKEN

2 Informiere dich über Preisträger des letzten Festivals. Stelle ein Beispiel vor.

3 Du willst eine Webseite für einen Vortrag nutzen. Stelle eine Checkliste für das Beurteilen einer solchen Webseite zusammen.

Medien gestalten

Jeden Tag, jede Woche, jeden Monat, jedes Jahr …
geschehen interessante Dinge in eurer Schule.
Medien helfen euch, diese Ereignisse zu dokumentieren.
So könnt ihr andere Menschen informieren
und euch selbst später erinnern.

1 Erstellt eine Klassenzeitung. Arbeitet in Gruppen.
So könnt ihr vorgehen:

1. Schritt:

Redaktionsteam zusammenstellen
- Je drei Kinder bilden ein Team.
- Jedes Team erarbeitet zwei Seiten.

2. Schritt:

In einer gemeinsamen Redaktionssitzung wird besprochen und festgelegt:
- Wie soll das Titelbild aussehen?
- Wie sollen die Seiten aussehen (Schrift, Bilder …)?
- Wer bearbeitet welche Inhalte?
  Zum Beispiel:
  - Aus dem Schulleben
  - Aus dem Schulort
  - Aus aller Welt
  - Aktuelles Interview
  - Schon gewusst?
  - Rätsel und Witze

3. Schritt:

- Die Teams arbeiten und treffen sich zur nächsten Redaktionssitzung.
- In der Redaktionssitzung werden die Seiten angesehen und korrigiert.
- Die Anordnung der Seiten in der Zeitung wird besprochen.

4. Schritt:

- Die Zeitung wird vervielfältigt und an die Klassen ausgeliefert.

Eine Klassenzeitung erstellen, die Schrittfolge lesen und in der Praxis umsetzen;
eigene Erfahrungen bei der Mediengestaltung einbringen

Zum „Tag der offenen Tür“ kann eine Schautafel an besondere Ereignisse aus der Schulvergangenheit erinnern.

2 Gestaltet eine Schautafel.

Überlegt, wen ihr um Material bitten könnt. Stöbert auch im Schularchiv. Sammelt alles in Kartons und legt dazu ein Verzeichnis an. Schützt die wertvollen Zeitzeugnisse.

Bilder und Texte lockern die Schautafel auf. Fotos erinnern an Personen, die in der Schule gearbeitet und gelernt haben.

ca. 1953: Frau Huttler mit Schülern
Der Unterricht fand im Zwei-Schichtbetrieb statt,
weil es nicht genug Räume gab.
Frank Eibel

Juni 2009: Nach fast einem Jahr Umbauzeit ist die neue Bibliothek eingerichtet.
Es gibt gemütliche Leseecken und mehrere Computerarbeitsplätze.

RICO, MARIE Klasse 4b

Kurze Texte und selbst gemalte Bilder erzählen zur Geschichte der Schule. Die Angabe der Jahreszahl darf nicht fehlen.

Am 1. September 1970 wurden 50 Erstklässler eingeschult.

Frau Riemer
Direktorin

Mit Humor geht alles besser, auch bei uns in der Schule. Witzige Zeichnungen regen zum Schmunzeln an.

Mit dem Computer Bilder und Texte gestalten

1 Gestaltet eine Präsentation zum Thema „Obst“.

So erstellst du eine Übersicht

Arbeite mit dem Mauspfeil und der Tastatur:

1. Erstelle in deinem Schreibprogramm ein neues leeres Dokument.
2. Klicke auf „Einfügen“ → „Textfeld“: und dann auf deine leere Seite. Erstelle beliebig viele Textfelder und schreibe deine Arbeitsergebnisse hinein.
3. Wenn du ein Textfeld farbig gestalten möchtest, klicke doppelt auf den Rand. Klicke danach auf die rechte Maustaste und wähle unter „Füllung“ und „Rahmen“ die Farbe aus.
4. Klicke auf „Einfügen“ → „Formen“ → „Pfeil“ und dann auf deine Seite. Ziehe die Pfeile mit der Maus.
5. Klicke die Pfeile an. Bewege sie mit der Maus und drehe sie an der Spitze.
6. Ordne die Pfeile und Kästchen.

So fügst du Bilder in Texte ein

1. Setze den Cursor an die Stelle, an der du das Bild einfügen möchtest.

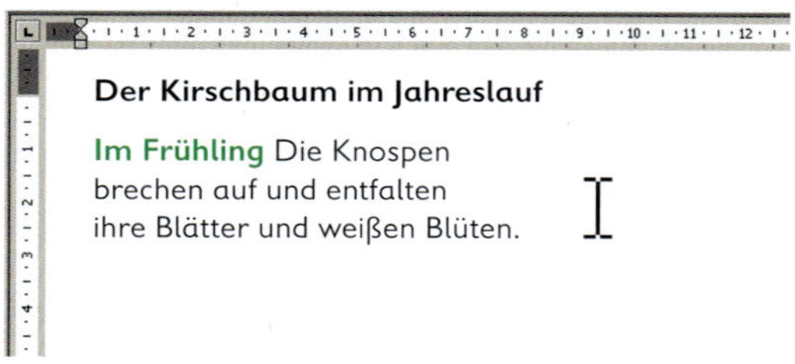

2. Klicke „Einfügen → Grafik → Aus Datei“ an.

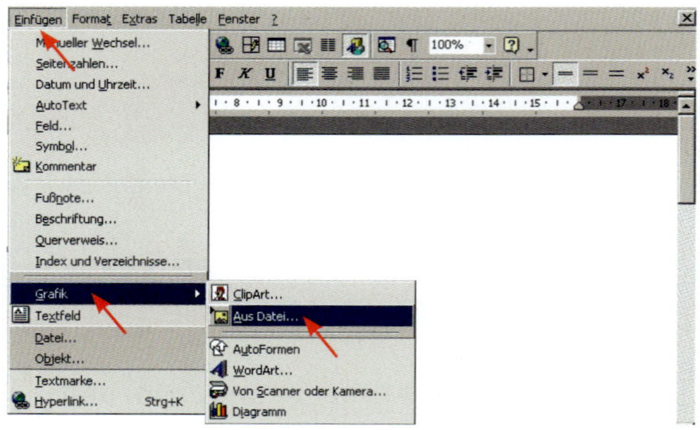

3. Wähle die Bilddatei aus. Klicke auf „Einfügen“.

4. Klicke das Bild an und platziere es richtig.

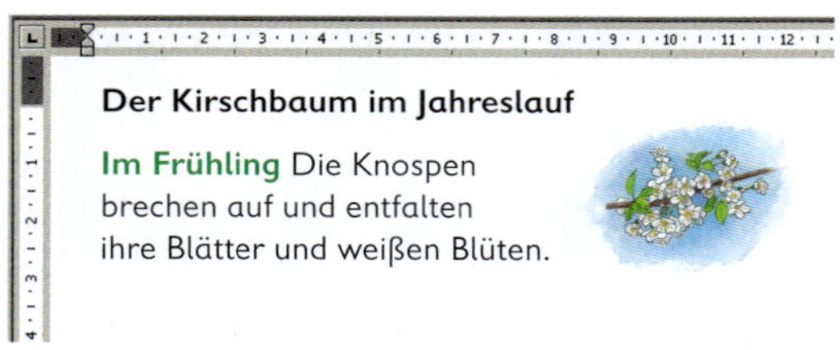

So kannst du eine Seite mit Bildern gestalten

1. Wähle ein Thema:
   - Obst aus Mecklenburg-Vorpommern
   - Obst aus fernen Ländern
   - Gesunde Speisen aus Obst
2. Sammle Informationen. Fotografiere und lade die Fotos auf den Computer. Frage einen Erwachsenen, wenn du nicht weiterkommst.
3. Gestalte deine Seite am Computer mit Bildern und Texten.
4. Drucke deine Seite aus und präsentiere sie.

Obst aus Mecklenburg-Vorpommern

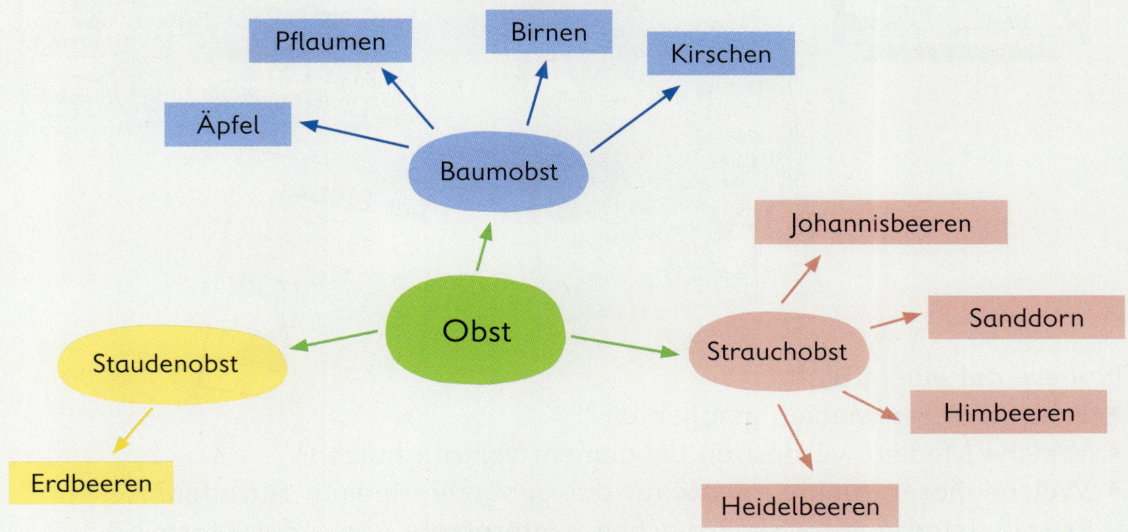

So entwickeln sich Äpfel

Im Frühjahr brechen die Knospen auf.

Bald blühen die Apfelbäume.

Aus den Blüten entwickelt sich der Apfel.

Im Herbst sind die Äpfel reif.

MITMACHEN UND NACHDENKEN

2 Wähle selbst ein Thema aus dem Sachunterricht und gestalte dazu eine Präsentation nach dieser Anleitung.

Medien gestalten und bewerten

1 Wähle Aufgaben aus. Forsche nach.

1 Du hast Medien über Eisbären selber gestaltet und willst sie bei deinem Vortrag benutzen.

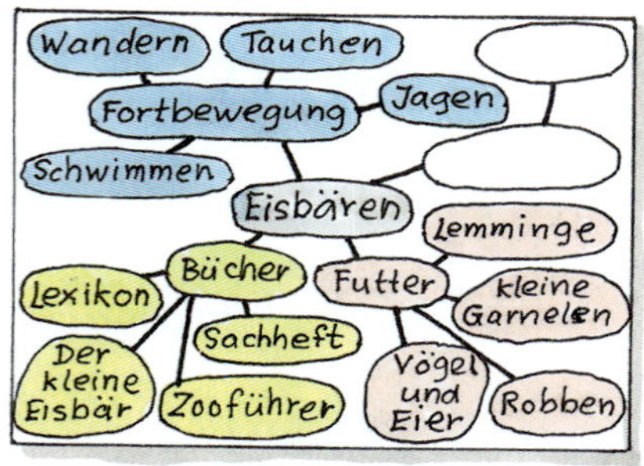

Notiere auf einem Blatt:
- Welche dieser Medien gefallen dir?
- Welche Medien würdest du bei deinem Vortrag nutzen?
- Welche dieser Punkte müsste für das genutzte Medium zutreffen?
  Es soll: unterhalten – Spaß machen – interessant sein – gut informieren – gut gestaltet sein – spannend sein – schön bunt sein – wenig Text zeigen – zum Mitmachen anregen

2 Einen Kinderfilm beurteilen

Schau dir mit einem anderen Kind einen Kinderfilm an.

Besprecht:
- Wie hat dir der Inhalt gefallen?
- Hast du den Inhalt verstanden?
- Waren die Filmrollen mit passenden Darstellern besetzt?

Begründe deine Meinung.
- Wie haben dir die Kostüme der Darsteller gefallen?
- War die Filmmusik passend?
- Welche Dinge sind dir besonders aufgefallen?

Medien zu einem Vortrag ansehen, eine geeignete Auswahl treffen und den Nutzen einschätzen; über einen Film in Ansätzen diskutieren lernen

Zum Nachschlagen

Agrarland S. 55
Ein Agrarland ist ein Land, in dem es sehr viel Landwirtschaft gibt. Seine Flächen werden überwiegend als Felder, Wiesen und Weiden genutzt.

Alkohol S. 41
Alkohol ist ein natürlicher Stoff.
Er entsteht durch Gärung: Dafür mischt man Getreide oder Früchte mit bestimmten Zusätzen, die den Zucker und die Stärke aus den Früchten oder dem Getreide in Alkohol umwandeln. Nach der Gärung werden dann Wein, Bier oder Schnaps hergestellt. Alkohol ist zwar ein natürlicher Stoff, aber auch ein Gift und eine Droge. Wer regelmäßig größere Mengen an Alkohol trinkt, kann süchtig und schwer krank werden.

Aquädukt S. 37
Das Wort „Aquädukt“ kommt aus der lateinischen Sprache und bedeutet „Wasser führen“. Es handelt sich dabei um ein Bauwerk, in dem oberirdisch Wasser geleitet wird, um zum Beispiel eine Stadt zu versorgen oder Felder zu bewässern. Manchmal müssen Aquädukte über Täler gebaut werden, dann sehen sie wie Brücken aus. Ein Aquädukt muss über seine ganze Länge ein geringes Gefälle haben, damit das Wasser fließen kann.

artgerecht S. 67
Jede Tierart hat bestimmte Bedürfnisse, die sich aus den natürlichen Lebensbedingungen der Tiere ergeben.
Schweine sind zum Beispiel sehr gesellig. Sie brauchen viel Platz, Bewegung und Beschäftigung. Sie wühlen in der Erde und wälzen sich gern im Schlamm.
Als echte Allesfresser nehmen sie sehr unterschiedliche Nahrung zu sich. Bei der artgerechten Haltung versucht man, auf solche Bedürfnisse Rücksicht zu nehmen. Ein Schwein aber, das sein Leben in einer Box verbringen muss, wird nicht artgerecht gehalten.

Babylonier S. 79
Babylonier heißen die Menschen, die in Babylonien lebten. Babylonien ist der Name für verschiedene Reiche, die es vor sehr langer Zeit gab – die ersten ungefähr vor 3 500 Jahren.
Die Babylonier lebten im Gebiet des heutigen Irak, zwischen den Flüssen Euphrat und Tigris. Die Hauptstadt des Babylonischen Reiches war Babylon. Die Babylonier hatten eine Keilschrift erfunden und kannten bereits Gesetzestexte. Für die Landwirtschaft hatten sie ein Bewässerungssystem entwickelt und nutzten Pflüge.

Barock, barock S. 60
Der Barock ist ein Kunststil, der von etwa 1600 bis 1750 in Europa die Musik, Malerei, Dichtung und Architektur beeinflusste. Fürsten und Bischöfe wollten ihren Reichtum und ihre Macht zeigen und deshalb wurden ihre Schlösser und Kirchen mit Kuppeln, Säulen, Fensterschmuck und Schnörkeln reich verziert.

Bodden S. 59

Ein Bodden ist ein flacher See, der durch einen schmalen Streifen Land oder durch Halbinseln und Inseln vom Meer getrennt ist. Schmale Wasserläufe verbinden ihn mit dem Meer. Das Wasser im Bodden ist weniger salzig als das Meerwasser und reich an Nährstoffen. Bodden sind typisch für die Ostseeküste und sie sind ein wichtiger Lebensraum für zahlreiche Fisch- und Vogelarten.

Burggarten S. 56

Der Schweriner Burggarten befindet sich direkt beim Schloss auf der Schlossinsel. Seinen Mittelpunkt bildet die Orangerie, in der früher die kostbaren Pflanzen zum Überwintern untergebracht wurden. Eine Brücke verbindet den Burggarten mit dem Schlossgarten.

dB S. 90

Schallwellen üben einen Druck aus, zum Beispiel auf unser Trommelfell. Diesen Druck kann man messen und in Dezibel (abgekürzt dB) angeben. Vereinfacht kann man sagen: Um zu messen, wie laut etwas ist, wird die Maßeinheit Dezibel verwendet. Der Name geht zurück auf Alexander Graham Bell, einen der Erfinder des Telefons. Wenn wir uns normal unterhalten, liegt die Lautstärke bei 40–60 dB. In einer lärmenden Schulklasse steigt der Wert auf 85 dB an. Eigentlich müsste jetzt ein Gehörschutz getragen werden!

Einmündung S. 69

Wenn eine Straße auf eine andere trifft und dort endet, dann handelt es sich um eine Einmündung. Sie unterscheidet sich also von einer Kreuzung, bei der beide Straßen fortgesetzt werden.
Wenn bei einer Einmündung die Vorfahrt nicht durch ein Schild geregelt wird, gilt die Regel „rechts vor links“.

Energie S. 40

Ohne Energie können wir nicht leben. Sie ist die treibende Kraft, wenn wir spielen, lernen, Sport treiben, toben …
Wir bekommen unsere Energie durch unser Essen. Aber nicht alle Lebensmittel sind gleich gut geeignet. Nach einem gezuckerten Müsliriegel fühlen wir uns zwar schnell fit, denn der Riegel ist energiereich. Die Wirkung lässt aber bald nach. Außerdem ist zu viel Zucker nicht gut für die Gesundheit. Auch eine Banane ist sehr energiereich. Sie sättigt jedoch länger und enthält noch andere wertvolle Inhaltsstoffe.

Erdwärme S. 35

Im Inneren der Erde herrschen sehr hohe Temperaturen. Meistens ist das nicht direkt zu spüren. In einigen Gebieten Deutschlands ist es schon in einer Tiefe von 3 000 bis 5 000 Metern etwa 140 °C warm. Mit dieser Wärme lässt sich Wasserdampf erzeugen, der zur Stromerzeugung oder für Fernwärme verwendet wird. Aber auch nur 100 Meter unter der Erde gibt es Schichten mit Wärme, die genutzt wird. Mithilfe spezieller Anlagen können daher einzelne Häuser mit Wärme versorgt werden.

Familie S. 8

Eine Gemeinschaft, in der meist Eltern und Kinder zusammenleben, ist eine Familie. Familien sind sehr unterschiedlich. In den einen gibt es viele Kinder, in den anderen lebt nur ein Kind. In manchen Familien gibt es nur einen Elternteil, in anderen gehören auch die Großeltern, weitere Verwandte oder Lebenspartner dazu. Manchmal sind die Eltern verheiratet, manchmal nicht.

Fast-Food-Produkte S. 28

Der Begriff „Fast Food“ kommt aus dem Englischen und bedeutet „schnelles Essen“. Fast-Food-Produkte sind also Schnellgerichte wie Tiefkühlpizzas, Dosensuppen oder Hamburger.

geschlechtsreif S. 44

Ein Mädchen, das geschlechtsreif ist, kann schwanger werden. Ein Junge ist geschlechtsreif, wenn er ein Kind zeugen kann.

Gewohnheit S. 24

Wenn man eine Sache häufig oder immer wieder oder automatisch macht, dann ist es eine Gewohnheit.

Grenze S. 50

Eine Grenze ist eine Linie, die zwei Gebiete voneinander trennt. Es gibt zum Beispiel Staatsgrenzen (wie zwischen Deutschland und Polen), Landesgrenzen (wie zwischen Mecklenburg-Vorpommern und Brandenburg) und Kreisgrenzen (wie zwischen den Landkreisen Nordwestmecklenburg und Ludwigslust-Parchim).

Halbinsel S. 58

Eine Halbinsel ist zum größten Teil von Wasser umgeben. Sie hat aber eine natürliche, oft schmale Verbindung zum Festland.

Hanse S. 58

Die Hanse war zunächst ein Bündnis von Kaufleuten im Mittelalter.
Sie stammten aus dem Norden und der Mitte Deutschlands und wollten vor allem den Seehandel einfacher und sicherer machen. Später traten auch Städte der Hanse bei. Die Kaufleute gründeten Handelsniederlassungen und Umschlagplätze zum Beispiel in England, Russland, Schweden, Norwegen und in den Niederlanden. Sie handelten unter anderem mit Pelzen, Fisch, Holz, Tuch, Waffen und Gewürzen. Noch heute erinnern viele Städtenamen an dieses bedeutende Bündnis.

Hormone S. 44

Hormone sind winzige Stoffe, die unter anderem in den Drüsen des Körpers (zum Beispiel in der Schilddrüse) entstehen. Hormone werden auch Botenstoffe genannt, weil sie Informationen transportieren. Auf diese Weise steuern sie viele Vorgänge in unserem Körper. Zum Beispiel regeln sie den Aufbau von Muskeln und das Wachstum von Knochen. Sie beeinflussen sogar unsere Gefühle und wir empfinden dann zum Beispiel Angst oder Glück.

Intimsphäre S. 44

Die Intimsphäre ist der innerste Bereich eines Menschen mit seinen persönlichsten Gedanken und Gefühlen. Es ist der Bereich, über den der Einzelne meist nicht spricht oder den er nicht zeigt. Dazu gehören auch Dinge, die mit dem Körper zusammenhängen. Jeder darf für sich allein bestimmen, was genau zu seiner Intimsphäre gehört und wer einen Einblick darin haben darf.
Die Intimsphäre ist bei jedem Menschen anders – und die anderen müssen sie respektieren.

Jury S. 106

Welcher Teilnehmer oder Kandidat soll bei einem Wettbewerb einen Preis oder eine Auszeichnung erhalten? Dies zu entscheiden, ist Aufgabe einer Jury. Ein anderes Wort dafür ist „Preisgericht".

Kliff S. 59

Wenn es an einem Küstenabschnitt steil nach unten geht oder eine steile Felswand aufragt, so ist dies ein Kliff.

Kompass S. 93

Mit einem Kompass kann man sich auf dem Meer und auf dem Land orientieren. Ein Gehäuse und ein Glas schützen ihn. Unter dem Glas ist die Windrose, auf der die Himmelsrichtungen eingetragen sind. Eine Kompassnadel zeigt immer an, wo Norden ist.

Kreuzliner S. 66

Eine Kreuzfahrt ist eine Urlaubsreise auf einem Schiff, bei der verschiedene Häfen angefahren werden. Ein Kreuzliner ist ein Schiff, das für Kreuzfahrten genutzt wird. Ein anderes Wort dafür ist „Kreuzfahrtschiff".

Küste S. 86

Der Streifen Land, der direkt ans Meer grenzt, wird Küste genannt. Es gibt verschiedene Arten von Küsten, zum Beispiel Flach- und Steilküsten.

Kulturpflanze S. 67

Eine Kulturpflanze stammt von einer wild wachsenden Pflanzenart ab.
Die Menschen haben die Kulturpflanzen so gezüchtet, dass sie besondere Eigenschaften besitzen und sich dadurch von den Wildpflanzen unterscheiden. Zum Beispiel sind die Früchte des Wildapfels ziemlich sauer und holzig und nur 2 bis 4 Zentimeter dick. Kulturpflanzen werden als Nutz- oder Zierpflanzen verwendet, wie etwa Getreide, Raps, Kohl, Erdbeeren oder Rosen.

Leonardo da Vinci S. 94

Leonardo da Vinci (1452–1519) war ein bedeutender Maler, Bildhauer, Architekt, Philosoph, Erfinder, Ingenieur und Wissenschaftler. Er entwarf zum Beispiel Festungen, Waffen, Kanäle, Zahnräder und Flugmaschinen. Er studierte den menschlichen Körper und sein Gemälde „Mona Lisa" ist weltberühmt.
Weil Leonardo da Vinci so vielseitig begabt und seiner Zeit oft weit voraus war, bezeichnen viele ihn als „Universalgelehrten" oder sogar „Universalgenie". Er lebte die meiste Zeit seines Lebens in Italien, seine letzten Lebensjahre verbrachte er in Frankreich.

maritim S. 66

Maritim bedeutet: „zum Meer gehörig". Zur maritimen Wirtschaft gehören alle Unternehmen, die etwas mit dem Meer zu tun haben: Schifffahrtsunternehmen, Häfen, Fischereiunternehmen, Fischfabriken, Werften und ihre Zulieferer, zum Beispiel Hersteller von Schiffsmotoren und viele andere.

Membran S. 90

Eine Membran ist ein dünnes Häutchen. Ein Beispiel dafür ist das Trommelfell. Es wird in Schwingungen versetzt, wenn Schallwellen darauf treffen. Auch in der Technik werden Membranen verwendet, zum Beispiel bei Lautsprechern. Dann sind sie aber aus Kunststoff oder Metall.

Mesopotamien S. 37

Mesopotamien wird auch „Zweistromland" genannt, weil es zwischen den beiden Flüssen Euphrat und Tigris lag. Heute befinden sich hier die Länder Syrien und Irak. Das Klima in Mesopotamien war günstig und der Boden fruchtbar, weshalb in dieser Gegend schon vor etwa 10 000 Jahren Menschen begannen, Ackerbau zu betreiben. Später entstanden Stadtstaaten und Königreiche, wie zum Beispiel die der Sumerer und Babylonier.

Mineral S. 92

Mineralien (auch Minerale genannt) gehören zum unbelebten Teil der Natur, sie stammen also nicht von einem Tier oder einer Pflanze. Es sind Stoffe, die nach einem Grundmuster aufgebaut sind und Kristalle mit gleichmäßigen Flächen und Kanten bilden. Beispiele hierfür sind Kochsalz, Eisen, Gips und auch Diamanten. Ein Gestein setzt sich meist aus mehreren Mineralien zusammen.

Mündung S. 61

Dort, wo ein Fluss ins Meer oder in einen See fließt, ist seine Mündung. Fließt ein Fluss in einen anderen Fluss spricht man ebenfalls von Mündung, manchmal aber auch von „Zusammenfluss".

Nationalpark S. 59

Ein Nationalpark ist ein großes Gebiet mit einer Naturlandschaft, die möglichst ursprünglich sein soll. Die Natur hat hier Vorrang und soll sich ungestört entwickeln können. Daher sind störende Eingriffe durch den Menschen nicht erlaubt. Nationalparks können zwar auch als Erholungsgebiete genutzt werden, doch dafür gibt es strenge Regeln.

Orangerie S. 63

Vor einigen Jahrhunderten waren Zitruspflanzen wie Orangen und Zitronen etwas sehr Besonderes. Viele Landesherren legten Sammlungen an, um sich damit zu schmücken. Eine solche Sammlung hieß Orangerie und war Teil des Schlossparks. Damit die kostbaren Pflanzen im Winter nicht eingingen, wurden sie in eigenen Gebäuden untergebracht. Auch diese Gebäude wurden Orangerie genannt. Ein typisches Kennzeichen sind ihre großen Fenster, die bis auf den Boden reichen.

Qualität S. 24

Wenn ein Produkt gute Eigenschaften hat, dann ist es von guter (oder hoher) Qualität. Es hält zum Beispiel lange oder schmeckt sehr gut oder lässt sich gut verwenden.

Rechen S. 100

Im Wasser schwimmen oft Äste, Kunststoffflaschen, Papier und anderer Müll. Dieses Treibgut kann Pumpen und Turbinen beschädigen und Rohre verstopfen. Um dies zu verhindern, werden in die Klärwerke und Wasserkraftwerke Rechen eingebaut, die das Treibgut aufhalten. Ein solcher Rechen ähnelt einem sehr großen Kamm. Das Wasser kann durch seine Zinken hindurchfließen, das Treibgut bleibt aber daran hängen.

Redaktion S. 108

Ein Redakteur gibt Texte heraus. Er schreibt sie selbst oder sucht sie aus und bearbeitet sie. Alle Redakteure einer Zeitung, eines Rundfunk- oder Fernsehteams bilden die Redaktion.

Rente S. 23

Ab einem bestimmten Alter, bekommen Menschen Geld, auch wenn sie nicht mehr arbeiten. Dieses Geld ist die Rente. Dazu zahlen fast alle Menschen, die berufstätig sind, einen Teil von ihrem Lohn oder Gehalt in die Rentenkasse ein. Aus dieser Kasse kommt dann das Geld für die Rentner. Es ist deshalb gut, wenn möglichst viele Menschen in die Kasse einzahlen.

Samen S. 17

Um sich zu vermehren und zu verbreiten, bilden Pflanzen Früchte. In den Früchten befinden sich Samen. Diese werden zum Beispiel vom Wind, durch Wasser oder von Tieren verbreitet. Aus den Samen wächst später ein Keimling, aus dem dann eine neue Pflanze wird.

Schlossgarten S. 56

Südlich des Schweriner Schlosses, durch den Schloss-See getrennt, befindet sich der große Schlossgarten. Er wurde im barocken Stil angelegt. Eine Besonderheit ist der Kanal, der im Schlossgarten erbaut wurde. Er hat die Form eines Kreuzes. Von ihm aus hat man einen wunderbaren Blick auf das Schloss.

Siegel S. 54

Das Wort „Siegel“ stammt vom lateinischen Wort „sigillum“ ab und bedeutet „Bildchen“. Mit einem Siegel wurden zum Beispiel Urkunden und Briefumschläge beglaubigt und verschlossen. Dazu tropfte man etwas Wachs oder Siegellack auf den Umschlag und drückte dann mit einem Siegelstempel ein Bild oder ein anderes Zeichen hinein. So konnte man sehen, dass das Schreiben echt war und der Umschlag nicht geöffnet wurde. Denn beim Öffnen zerbrach das Siegel.

süchtig, Sucht S. 41

Wer viel Alkohol trinkt, gerät in einen Rausch. Manchen Menschen gefällt dieser Rausch so gut, dass sie ihn immer wieder erleben wollen. Sie wollen ständig Alkohol trinken, obwohl sie wissen, dass das schädlich für sie ist. Diese Menschen sind süchtig. Man sagt auch „abhängig“. Viele Dinge können süchtig machen, zum Beispiel Rauschgifte, wie Kokain oder Heroin, Tabak und manche Medikamente. Auch wer so oft und so lange am Computer spielt, dass er nicht mehr genug Schlaf bekommt und seinen Alltag nicht mehr bewältigen kann, ist süchtig. Eine Sucht ist eine Krankheit, die behandelt werden muss.

Symptome S. 40

Ein Symptom ist ein Anzeichen für eine Krankheit. Meist gibt es mehrere solcher Anzeichen. Masern haben zum Beispiel diese Symptome: fleckiger, roter Hautausschlag, hohes Fieber, Husten und Schnupfen, gerötete und geschwollene Augen.

Talsperre S. 86

Bei einer Talsperre wird mit einem Staudamm oder einer Staumauer ein Flusstal abgeriegelt. Dahinter staut sich dann das Wasser und es bildet sich ein Stausee. Dies wird gemacht, um genügend Wasservorräte zu haben und um Überschwemmungen zu verhindern. Denn in dem abgesperrten Tal kann man sehr viel Wasser speichern. Viele Talsperren werden genutzt, um in Wasserkraftwerken Strom zu erzeugen.

Touristen S. 55

Ein Tourist ist jemand, der eine Reise macht. Ein ähnliches Wort dafür ist „Urlauber".

UNESCO-Weltkulturerbe S. 37

Die UNESCO ist die Organisation der Vereinten Nationen für Erziehung, Wissenschaft und Kultur. Diese internationale Organisation verleiht den Titel „Welterbe" an einzigartige und bedeutende Zeugnisse der Menschheits- und Naturgeschichte. Dies können Baudenkmäler sein, wie die Pyramiden in Ägypten, oder besondere Landschaften, wie das Wattenmeer. Durch diese Auszeichnung soll das Welterbe geschützt werden und für die Nachwelt erhalten bleiben.

UNICEF S. 11

UNICEF ist das „Kinderhilfswerk der Vereinten Nationen" (auf Englisch: „United Nations Children's Emergency Fund"). Es hilft Kindern auf der ganzen Welt, wenn sie in Not sind, und unterstützt auch deren Eltern. In den armen Ländern gibt es zum Beispiel oft nicht genug Lebensmittel und Medikamente. Außerdem baut UNICEF Krankenstationen und Schulen, bildet Lehrer aus und beschafft Bücher, Hefte und Stifte. Das Kinderhilfswerk kümmert sich um Flüchtlingskinder und gibt Kindern, die als Soldaten kämpfen mussten, ein sicheres Zuhause.

Windwatte S. 59

In den Flachwasserzonen an der Ostseeküste sieht man manchmal Stellen, die zeitweise trockenfallen. Der Wind hat das Wasser dort weggedrückt. Eine solche Stelle heißt Windwatt. Kommt der Wind aus einer anderen Richtung, wird das Windwatt wieder vom Wasser bedeckt.

Winterruhe S. 17

Wildtiere, wie das Eichhörnchen, müssen sich an den Winter anpassen. Denn in dieser Jahreszeit finden sie nicht mehr so viel Nahrung und sie müssen sich vor der Kälte schützen. Das Eichhörnchen zieht sich dazu in sein Nest, den Kobel, zurück und hält Winterruhe. Dabei schlägt sein Herz langsamer und es atmet weniger. So spart es Energie. Zwischendurch wacht es aber auf und verlässt den Kobel, um zu fressen. Auch Maulwürfe, Dachse und Bären halten Winterruhe.
Beim Winterschlaf hingegen wachen die Tiere (zum Beispiel Igel und Mäuse) auch kurz auf, nehmen aber keine Nahrung zu sich.

Textquelle
74/75 Erich Kästner: Emil und die Detektive. Dressler Verlag, Hamburg 2006, Seite **33, 34** © Atrium Verlag AG Zürich.

Bildquellen
Auftakt 5 Fotolia/Sergey Novikov; **10 Mi. re.** mauritius images © Egill Bjarnason/Alamy Stock Photo; **10 un. re.** UNO; **11 Mi. (1)** imago stock&people; **11 Mi. (2)** ddp images/Robert Harding Heritage; **11 Mi. (3)** imago stock&people; **11 un.** Deutsches Komitee für UNICEF, Köln; **12 ob. li.** ddp images/Newscom; **Auftakt 13** Fotolia/LianeM; **14 (1)** Fotolia/unpict; **14 (2)** Fotolia/M. Schuppich; **14 (3)** Fotolia/IreneuszB; **14 (4)** Fotolia/M. Schuppich; **14 (5)** Shutterstock/Bildagentur Zoonar GmbH; **15 (1)** Fotolia/byrdyak; **15 (2)** Fotolia/hudrom; **15 (3)** Fotolia/Michael Drak; **15 (4)** Shutterstock/saguari; **15 (5)** Fotolia/mirkograul; **15 (6)** Fotolia/Marek R. Swadzba; **16 (1)** Fotolia/Dagmar Gärtner; **16 (2)** blickwinkel/R. Linke; **16 (3)** Shutterstock/Bildagentur Zoonar GmbH; **17 (1)** mauritius images/FLPA/Alamy; **17 (2)** action press bildstelle; **17 (3)** mauritius images/Minden Pictures/Sumio Harada; **17 (4)** Lookphotos /Helmuth Rier/Suedtirolfoto; **20 ob. re.** Fotolia/Klaus Eppele; **Auftakt 21** Cornelsen/Peter Wirtz, Dormagen; **24 komplett** Cornelsen/Daniel Meyer, Berlin; **28 ob. re.** Shutterstock/Smit; **29 (1)** Shutterstock/Adrian Luca; **29 (2)** ddp images/Picture Press; **29 (3)** mauritius images/Carolyn Jenkins/Alamy Stock Photo; **Auftakt 33** Fotolia/Ingo Bartussek; **36 ob.** Shutterstock/Jeka; **36 un. li.** Shutterstock/Everett Collection; **37 ob. re.** Fotolia/philipus; **37 Mi. li.** Fotolia/Kara; **Auftakt 39** Fotolia/JackF; **46 ob.** Tulipan Verlag, München; **46 un. re.** Shutterstock/Lukiyanova Natalia frenta (Eizelle); **Auftakt 49** Shutterstock/Markus Stappen; **54 Mi. re.** F1online/Peter Probst/AGE; **55 (1)** Fotolia/pure-life-pictures; **55 (2)** Fotolia/Karsten Weng; **55 (3)** 100 pro imago; **56 (1)** Fotolia/niemannfrank; **56 (2)** Fotolia/Martina Berg; **56 (3)** Fotolia/ms-grafixx martin schlecht; **56 (4)** mauritius images/Torsten Krüger; **57 (1)** Fotolia/etfoto; **57 (2)** imago/Westend61; **57 (3)** Fotolia/ClaraNila; **58 un.** Fotolia/Igor Tarasov; **59 un. li.** Colourbox; **60 Mi. li.** Fotolia/etfoto; **60 Mi. re.** stock.adobe.com/stock.adobe.com/tl6781; **60** un. Shutterstock/mije_shots; **61 ob. li.** Fotolia/Sven Paetzold; **61 ob. re.** bpk/Staatliche Museen Belin/Stiftung Preussischer Kulturbesitz; **66 ob.** Fotolia/Brigitte Wegner; **66 Mi.** Shutterstock/Andrei Nekrassov; **67 ob.** Fotolia/RicoK; **67 Mi.** Fotolia/nwf; **69** Fotolia/markus_marb (Verkehrsschild; Collage links); **69** Fotolia/markus_marb (Verkehrsschild; Collage Mitte); **69** imago stock (Verkehrsschild; Collage rechts); **70 ob. li.** Fotolia/markus_marb (in Collage, ob. li.); **70 Mi. re.** Fotolia/Laiotz; **70 ob. li.** Cornelsen/Marek Lange; **70 ob. Mi./70 ob. re./70 Mi. li.** Cornelsen/Peter Wirtz, Dormagen; **72 Mi. re.** Cornelsen/Peter Wirtz, Dormagen; **72 un. li.** Fotolia/SZ-Designs; **Auftakt 73** akg-images; **74 un. re.** Fotolia/WavebreakMediaMicro; **74 un. li.** bpk; **75 ob. re.** Alfred Strobel/SZ Photo/laif; **75 Mi. re.** Fotolia/Sergii Figurnyi; **Auftakt 81** blickwinkel/H. Pieper; **85 ob. re.** Fotolia/lavillia; **86 (1)** totalpics; **86 (2)** Fotolia/RicoK; **86 (3)** F1 Online/Erich Häfele/AGE/F1online; **86 (4)** Fotolia/mb67; **86 (5)** Fotolia/alexkazachok; **86 (6)** Fotolia/BB-Digitalfotos; **86 (7)** Arndt, S.E./juniors@wildlife; **86 (8)** Fotolia/Strippenzieher; **87 re** picture alliance/blickwinkel/A; **87 li** Fotolia/ maranso; **87 unten** NABU/Helge May; **88 ob. re.** Fotolia/seanmcconnery; **Auftakt 89** Fotolia/Robert Kneschke; **91 ob. re.** Shutterstock/Dmitry Kalinovsky; **92 ob. re.** INTERFOTO/Bildarchiv Hansmann; **93 ob.** Shutterstock/Triff; **94 un. re.** Bridgeman Iamges/Private Collection © Boltin Picture Library,Italian; **94 un.li.** 100 pro imago; **Auftakt 97** Fotolia/MurielleB; **98 ob. li.** Fotolia/martinfredy; **99** Fotolia/Renate Wefers; **102 ob. li.** action press/JEAN MICHEL NOSSANT/SIPAaction press; **102 Mi.** Juniors Bildarchiv/Biosphoto/Claudius Thiriet; **103** imago/Frank Sorge; **Auftakt 105** Fotolia/spass; **107 ob. re.** Deutsche Kindermedienstiftung GOLDENER SPATZ, Erfurt; **109 ob. li.** akg-images; **109 un. li.** Fotolia/WavebreakmediaMicro; **111 (1)** Fotolia/murxxx; **111(2)** Fotolia/Robert Schneider; **111 (3)** Fotolia/photobars; **111 (4)** Fotolia/Mariusz Blach.

Karten
Peter Kast, Ingenieurbüro für Kartographie, Wismar

Übersicht zur Lehrplanpassung für Lehrerinnen und Lehrer

Lernbereich	Seiten im Schülerbuch 4	Seiten im Arbeitsheft 4
Sich selbst wahrnehmen		
• Gesundheitsförderung	39–41	16–17
• Sexualität und Geschlechterrolle	42–48	18–19
Zusammenleben		
• Formen des Zusammenlebens	5–12	2–3, 10–11
• Sich als Konsument verhalten	24–32	12–13
Naturphänomene erschließen		
• Tiere	102–103	50–51
• Pflanzen	18, 19, 67	8–9
• Biotop	14–15, 18–19, 82–83, 86–87	4–5, 38–43
• Wetter	33–38	14–15
• Wasser	97–101	48–49
• Akustische Phänomene	89–91, 96	44–45
• Optische Phänomene	94–96	46–47
• Magnetismus	92–93, 96	
Räume entdecken		
• Räume wahrnehmen	49–51	20
• Räume erschließen	52–53	24–25
• Räume nutzen	54–72	21, 26–33
Zeit und Geschichte verstehen		
• Zeitliche Abläufe in der Natur	16–17	6–7
• Zeit einteilen	78–79	36–37
• Entwicklungen und Veränderungen	34–35, 60–61, 74–77	34–35
Medien nutzen		
• Medien verwenden, bewerten und produzieren	105–109	52–53
• Mit dem Computer arbeiten	110–112	